JN438685

이별의
방식

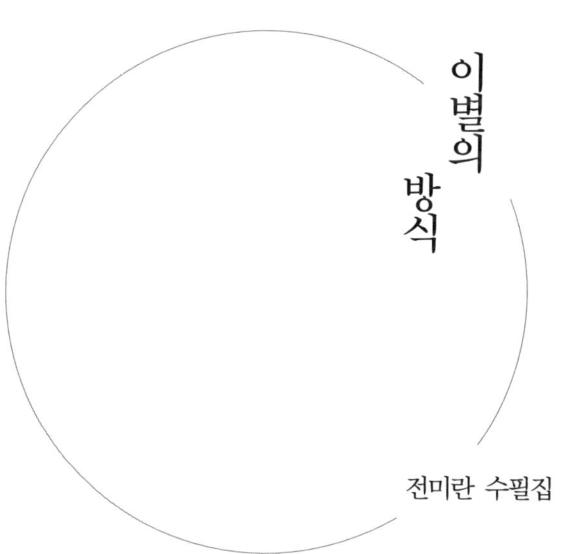

이별의 방식

전미란 수필집

| 작가의 말 |

내게 글쓰기는 마음안에 일렁임을 응시하는 일이다. 탐진강을 보며 자라온 나는 지금도 흐름을 바라보는 일을 좋아한다. 바람은 별 뜻도 없이 부는데 강은 그걸 일일이 답하려는 듯 물결을 일으킨다. 내 안에 일고 있는 의식의 흐름에 따라 이런 나도 쓰고, 저런 나도 써보면서 미약한 능력으로 왜 쓰려고 하는지 스스로에게 계속 질문을 던져왔다.

쓰고 지우기를 반복하면서 한 편이라도 살아남기를 바랐던 시간이 행복했다. 여기에 묶인 글들이 기억의 왜곡과 때로는 유별난 감정의 잔재들을 드러낸 것은 아닌지 모르겠다. 누군가 들어주기를 바라는 마음으로 쓸 수밖에 없었던 것들이 이야기가 되었다. 나로부터 출발해 결국 나에게로 되돌아오는 이야기이지만 누군가에게 물길을 트고 새로운 이미지로 흘러갔으면 좋겠다.

고향에 계신 아버지와 세상을 떠난 어머니, 늘 응원과 격려로 내 편이 되어주는 남편과 아들 준섭에게도 사랑의 마음을 전한다. 그리고 부족한 글을 읽어줄 사람들에게도 마음을 담아 고맙다는 인사를 전하고 싶다.

2020년 11월

전미란

차례

2부

내가 나를
할퀼 때

3부

궁정하지 못했던 에로스

4부

생의 주름살 같은 계단

5부

미워도 미운 것만은 아니고

1부

같이 산다고 다 사랑은 아니야

내 사랑 문 씨

정말 당신은 사랑해선 안 될 존재인가요. 가정이 있는 제가 마흔이 되던 해에 당신을 알게 되었습니다. 결혼 생활이 권태로울 무렵 당신이 나타났죠. 뜨겁게 사랑하고 싶었죠. 결혼한 여자도 당당히 사랑할 수 있다는 걸 만인에게 보여주고 싶었습니다.

한때는 짝사랑인가 싶어 외로웠습니다. 그런데 당신은 나를 향해 찡긋 웃어주기도 하고 많은 사람들과 길을 걸을 때 등 뒤로 몰래 내 손을 가져가 꼭 쥐여 주기도 했습니다. 더 솔직해지겠습니다. 둘만이 어두운 골목을 걷게 되었을 때 담벼락에 저를 바짝 세워 놓고 달콤한 입맞춤을 해 주기도 하였지요. 당신을 만나고 나서야 자신이 다른 존재가 되길 간절히 바라 왔다는 것을 알게 되었어요. 뒤늦게라도 당신을 만난 게 얼마나 행운인지요.

장을 보러 갔다가 오렌지와 바나나와 같은 이국의 과일을 양손에 들고 집에 올 때도 당신이 생각나고, 해질녘 먹자골목 죽은 시계탑 밑으로 사람들이 모여들 때도 생각나고, 앙상한 유모차를 지팡이 삼아 걸어가는 노인과 마주칠 때도 당신이 침범해 들어옵니다.

불륜의 고통은 사람들에게 말 못하는 고통이 제일 크다고 하지요. 그래서 작년 가을, 조명이 쏟아지는 낭독모임 무대에서 떨리는 목소리로 당신과의 사랑을 공개했지요. 사람들은 당신과 나 사이에 있었던 달콤했던 추억을 부러워했습니다. 나와 가까이 지내는 사람들은 당신과 더 열렬히 깊이 사랑해버리라고 부추겼습니다.

하지만 쉽게 곁을 내주지 않는 당신에게선 사철 얼음냄새가 납니다. 애초에 만나지 않았던들 이런 괴로움은 없었을 것을. 오밤중에 눈을 떠도 당신이 떠오릅니다. 나는 잠을 자고 있는데 당신은 깨어나 나를 보고 있는 것처럼 느껴집니다.

어느 때부턴가 별다른 이유 없이 당신은 서서히 멀어져 갔고 연락마저 끊어 버렸죠. 너무 오랫동안 당신에게서 연락이 없기에 우리 사이가 다시는 회복될 기회는 영 지나가 버렸다고 생각했습니다. 매일 세수를 하거나 거울을 보거나 머리를 빗으면서도 당신 생각뿐입니다. 목소리라도 듣고 싶었지만 전화마저 연결이 되지 않았습니다. 늘 떠도는 듯한 당신에게는 최첨단 통신기기도 무용지물입니다.

답답한 마음에 당신을 잘 안다는 선배와 찻집에서 당신에 대한 얘기를 나눴습니다. 당신에 대한 평판은 좋았고, 선배의 말이 당신은 절대로 배신하지 않을 것이니 더 열정적으로 사랑하고, 안달하고, 그의 품으로 뛰어들어 일을 저질러 버리라고 하였습니다. 하지만 좀처럼 마음의 문을 열어주지 않는 당신 때문에 울컥 복받쳐 눈물을 흘리고 말았습니다.

열정적으로 사랑하지 않는다고 당신은 당신대로 저한테 서운해 하고 저는 저대로 서운하고, 게으르고 무기력한 저에게 당신은 정나미가 뚝 떨어지고 만 거죠? 내가 당신이라 해도 그랬을 거예요. 당신과의 사랑이란 미치지 않고서는 안 되는 일인 것 같아요. 사랑을 글로만 표현할 줄 아는 당신과 멀쩡한 정신으로 사랑하기란 속 터지는 일입니다. 나와 당신과의 싸움, 토라짐, 서운함, 다 접고 제 쪽에서 화해의 손을 내밀어도 얼른 잡아주지 않는 당신. 한 번쯤 헤프게라도 웃어줄 수는 없나요? 당신 앞에서 이 이상 더 초라한 여자가 되고 싶지 않아요.

내 사랑 문 씨! 이제 당신께 무슨 일이든 저지를 수 있다고 마음을 다잡아 봅니다. 우리가 사랑할 때란 바로 지금이 한때뿐이라는 절박한 심정. 어느 영화 대사처럼 애매함으로 둘러싸인 우주 속에서 이렇게 확실한 감정은 일생에 단 한 번 오는 것이 아닐까요.

사랑을 속삭일 은밀한 곳으로 오세요. 그리고 저의 감성과 상상력을 안아주세요! 그러면 당신은 이렇게 말하겠죠. '엉덩이를 붙이고 진득하게 집에 좀 붙어있어요. 그러면 찾아 갈게요.'라고. 그렇게 말한 당신은 애타게 기다려도 오지 않기도 하고 기다리지 않았는데 불쑥 찾아오기도 하지요.

실컷 함께 있다가도 돌아서면 또다시 그리워지는 내 사랑 문 씨. 당신과의 사랑이 영원히 정답이 없다 해도 포기하지 않을 거예요. 쓰는 것이 모든 것의 끝이라는 릴케의 말을 저는 믿으니까요. 열정적으로 씀으로써 그리움도 고요해져 우리의 사랑이 단 한 권의 책으로 정리될 수 있다면 행복하겠습니다. 영원한 나의 사랑, 당신의 이름은 '문학'입니다.

마네킹

거대한 진열장 속으로 권태가 걸어 들어간다. 인공 향과 여러 색조의 조명들이 만들어 내는 분위기는 이부자리를 털고 일어날 때의 무기력한 기분을 일시에 누그러뜨려 준다. 젖과 꿀이 흐르는 현대인의 가나안이라는 백화점. 상품들로 넘쳐나는 풍요로운 계곡에 체포되는 순간 두 눈은 빛을 발하며 분주해진다. 그리고 북적대는 매대에 달려들어 사람들과의 자리전쟁에 정신이 팔려 나간다.

젖은 장작이 타는 듯한 한낮의 무료함에 쫓겨 어디로든 나서지 않을 수 없을 때, 집 근처 백화점만 한 곳도 없다. 도시가 내게 준 선물 같은 장소다.

의류 매장에서 눈을 사로잡는 것은 여기저기 진을 치고 있는 플라스틱 장승들이다. 지그시 내리깐 눈, 만사를 초월한 듯한 눈빛, 몽롱하게 풀어 헤쳐지고 있는 우수, 그러면서도 누구와도 쉽게 상대하지 않을 것처럼 당당하고 차갑고 도도하다. 감각적인 유행과 품격을 한껏 뽐내고 있는 마네킹들이 혀를 날름거리며 브랜드를 꼬리표로 달고 존재를 외쳐대고 있다.

유행에 쫓겨 바싹 마를 대로 마른 어깨 위, 비스듬히 잘려 나간 머리는 어디로 갔을까. 그러니까 생각하는 기능은 굳이 필요 없고 몸뚱이만으로 사람들을 사로잡아야 하는 마네킹 마케팅. 아무 의식도 느낌도 없이 만들어 내는 퍼포먼스가 시선을 사로잡는다. 동작이 경직된 채 멈춰버린 불안전한 모습으로 존재하는 그들에게 내가 모르는 제3의 어떤 생명감이 깃들어 있는 것 같다.

화려한 세계에 사는 그들은 '눈으로만 만지세요.' 하며 사람들의 감정을 읽어 내고 있다. 에스컬레이터에 실려 층층으로 빙글빙글 돌고 있는 내 마음의 경로를 내시경처럼 들여다보고 있는 건 아닐까. 계산 빠른 그들은 내 지갑 속 형편을 훤히 들여다보며 손에 넣기 어려운 욕망을 부추겨 언제나 나를 가난뱅이로 만들어 버리고 만다. 그리고 충동욕구로 배만 불러오게 하고 다른 감각들은 꽉꽉 틀어막는다. 그들은 싱싱한 시간이 토막 나고 있는 현장에서 채워지지 않는 공허로 기진맥진해진 나를 지켜보며 즐기고 있는 것 같다.

가끔 매장 후미진 구석에 옷이 벗겨지고 팔다리가 떨어져 나간 채 나뒹굴고 있는 마네킹들과 맞닥뜨릴 때가 있다. 섬뜩한 괴담의 한 장면 같기도 한 민망하게 발가벗겨진 몸뚱이들. 노브라의 희멀건 가슴들. 날림으로 만들어진 기관 없는 인공 신체를 보는 순간, 왜 갑자기 그것들이 내 자신과 같다는 생각이 드는 것인지. 유행을 걸쳤던 그들의 최첨단 멋은 어디로 다 사라지고 추악한 몰골들인지. 뭇 여심을 공략했던 화려한 마케팅의 정지된 몸짓들은 모두 허상에 불과했다고 폭로하듯 옷을 다 벗어버린 나체들의 시위 같다. 우리들은 단지 옷걸이, 행거였을 뿐이라고 아무 장식도 가림도 없이 정직하게 외쳐대고 있다.

이곳에 들어서서 나갈 때까지 따라다니던 극진한 친절과 기분 좋은 상냥함으로 써먹다 만 것 같은 묘한 패배감이 든다. 가슴 안쪽이 허해진다. 등을 돌리려는데 도도하고 매력적이던 화신들이 쓰러진 채 뒤채며 특유의 고독한 화법으로 내게 말을 걸어온다.

"가여워하지 마세요. 우리들은 사실 허깨비들이니까요. 당신은요? 당신도 허깨비가 아니신가요?"

"……."

"쉿! 아무 말도 하지 마세요. 이곳에 권태라는 생활 쓰레기를 버리러 온 당신의 속내가 드러나면 쫓겨나고 말 테니까요."

남모르는 내적 소란함으로 필요 이상의 감정비용을 지불하며 바가지를 쓰고 있는 나 또한 의식의 부재로 서 있거나 나뒹굴고 있는 마네킹들과 무엇이 다른 것일까.

색色에 대한 오해

매일 오가는 아파트 화단에 피어있는 목단꽃나무 한 그루, 어떤 더운 가슴이 토해낸 열정일까. 사람의 손이 타지 않는 후미진 곳에 붉은 꽃떨기들이 겨우니 겨워서 겹다. 가쁜 숨을 죽이며 가까이 다가가 이마를 대고 들여다본다. 바로 그 때 '붉은 것을 가까이하면 안 된다, 조심해라!' 또다시 서늘한 말씀이 들려온다.

기억 속 반닫이 문짝이 덜컥 소리를 내며 아래로 젖혀진다. 아주 가끔 그 문짝을 여닫을 때마다 굵게 금 간 오지독 같은 생채기를 만나곤 한다.

어느 날 급히 방으로 뛰어들어 앞닫이 장을 뒤지시던 어머니께서

"니 삐런 옷이 워딨다냐?"

"왜요?"

"부정 타게 멋 헐라고…, 빨가문 못써!"

어머니의 기색은 엄중했다. 입 뻥긋도 할 수 없었다. 빨강색의 내 옷가지들이 다 불살라져 버렸다는 것을 나중에 작은언니에게서 들었다. 높이 솟은 대나무 깃대에 오색 깃발이 나부끼던 무당집에서 어머니는 무슨 얘기를 들었던 것일까. 그 점괘는 혹, 내 안에 속기? 영영 빠지지 않는 붉은 기?

엄마는 감나무 가지 하나를 자르더라도 점집으로 달려가곤 했다. 내가 들을 대답이 정해져 있다는 것을 짐작하면서도 두려워 그 뜻을 묻지 못한 "빨가문 못써."는 '몹쓸 것'으로

각인되었다. 사춘기 때 몸의 변화가 부끄러웠고 마당에 극성스럽게 벙그는 봉숭아에게도 덥석 마음을 주지 못했다. 빨강은 계집아이를 잠 못 이루게 하고 집을 나가 돌아오지 못하게 하는 금단의 색깔이라고 생각했다.

여자가 되어 가면서 어떤 알 수 없는 그리움도 묘한 들썽거림도 빨강이 시킨다고 생각했다. 단정한 요조숙녀일수록 자칫 물들기 쉬운, 손대서는 안 되는 색이라고 생각했다. 어떤 대상에게 한번 그 불길이 옮겨 붙으면 온 인생을 불살라 버리고 마는 색 같았다.

나는 일찍이 빨건 색을 뽑아 버려야 했다. 버려야 했던 것이 있었기에 지켜야 할 것이 무엇일까 생각했다. 그 후 그 흔한 봉숭아물도 손톱에 들이지 않았고 붉은 옷은 단 한 번도 입지 않았다. 지금도 알 수 없는 불경스러운 냄새가 나는 것 같아 꺼리는 색이다.

그러면서도 몸에 걸치고 싶은 색, 가까이하고 싶은 색, 까닭 없이 어떤 강렬함이 밀물처럼 달려드는 복잡 미묘한 빨강에 대한 나의 오해는 깊어만 갔다.

그리스 신화에 나오는 페르세포네. 아름다운그녀가 붉은 꽃을 꺾으려는 순간 지하세계의 왕 하데스에게 납치당한다. 그녀의 어머니가 구해주려고 했지만 다시 지상으로 나오지 못한 이유가 안타깝게도 이미 붉은색을 삼킨 후였기 때문이다. 다시 암흑세계로 돌아간 프시케는 묘약이 들어있는 상자를 가지고 지상으로 나온다. 그러나 프시케는 어리석게도 상자 뚜껑을 열어 보게 되고, 상자를 열자마자 어떤 보상도 받지 못한 채 영원한 잠 속에 빠지고 만다.

접시 물도 조심하고 망신살에 도화살에 구설수까지 차곡차곡 개어서 넣어 두었던 어머니로부터 물려받은 마음속 상자. 무엇이 들어있는지 짐작하면서도 열어 볼 수 없었던 금기의 상자를 결혼과 더불어 열어보았다. 나는 프시케처럼 영원한 잠의 늪에 빠지지 않았다. 오히려 깊은 수렁 같은 빼린 색에 대한 오해에서 깨어났다.

어머니의 절대적 금기로 태워졌던 빼린 액막이옷은 몸에 걸치면 안 되는 재앙의 색깔이 아니었다. "빨가문 못써."는 세상 어디에나 널려있는 인습의 족쇄였다. 뜨거운 희열 속에서 세상 그 무엇과도 바꿀 수 없는 아이가 태어난, 어떤 언어로도 표현할 길 없는 아름다운 생명의 색이었다.

목단꽃이 피어있는 화단 앞에 멈춰 선다. 빛이라도 스민 듯 주위가 환하다. 덫이면서도 생명을 품은 너무나도 인간적인 '삐런' 색에게 뒤늦은 화해의 손길을 내민다.

이별의 방식

con sentimento: 감정을 갖고

피아노를 팔았다. 아니 버렸다는 말이 더 맞다. 거실과 주방 사이, 그토록 가까운 거리에 있었음에도 그에게 다가가지 않았다. 할 수만 있다면 그가 먼저 나를 버리고 싶었을 것이다. 거들떠보지도 않는데 깊은 생각에 잠겨있는 사람 같기도 하고 상처 입고 웅크리고 있는 짐승처럼 보이기도 했다. 그저 검고 흰 조각들이 맞물린 가구에 불과했다. 피아노를 돈으로 환산하고 난 후 어쩌면 이토록 아무것도 아닐 수 있는지를 생각할 때마다 돌부리에 자꾸 걸려 넘어지는 기분이 들었다.

capriccioso: 마음 내키는 대로

피아노가 나에게 왔을 때, 나는 처녀였다. 자유로운 재즈에 빠져 지내다 혼수로 폼 나게 가져왔지만 결혼생활은 처녀 때 배운 재즈적인 것과 무관했다. 남편과의 불협화음은 똑같은 마디에서 자꾸 걸렸다. 서로 스타카토처럼 뚝뚝 끊어 감정을 표현했고 크레셴도로 들볶았다. 음은 같지만 라의 플랫과 솔의 샵을 누를 때 마음가짐이 달라야 한다는 것을 젊은 새댁은 몰랐다. 주어진 악보를 읽는 일도 버거웠고 품을 여유도 없었다. 산다는 것이 벙어리장갑을 끼고 건반을 치는 것 같았다.

tranquillo: 조용하게 쉿!

영원히 끝날 것 같지 않는 불협화음의 세계. 말문이 막히게 다투고 나면 피아노 곁으로 다가갔다. 한밤중이라도 뚜껑을 열면 하얀 이를 드러내놓고 웃는 사람처럼 '괜찮아, 괜찮아, 연습하면 다 좋아질 거야.' 하고 길게 웃어주었다. 그 치아 사이로 격정을 조율했다. 피아노 의자에 앉으면 페달을 밟아 소리부터 죽였다.

큰 소리가 이웃집에 들리지 않도록 반쯤 입을 막은 채 건반을 눌렀다. 어느 날 피아노로부터 이런 소리를 들었다. 그를 사랑한다면 마음이 버티는 한 오래도록 안단테, 안단테…. 피아노는 곡을 선택해 칠 때마다 내가 무슨 감정인지 잘 알아채는 사람 같았다. 빠르되 거칠어지지 않게 느리되 처지지 않게.

악상의 작은 마디와 도막들은 다음 마디 연결을 고려하지 않는 마디는 단 하나도 없었다. 양팔은 마치 서로 다른 몸인 양 완전히 독립적이어야 했다. 견고한 시간의 마디를 건너기 위한 연습이란 자신의 부족함을 반복적으로 자각하는 일이었다.

lacrimoso: 애처롭게

피아노를 실어갈 일행이 도착했다. 그들은 짐승의 눈을 가리듯 검은 천으로 덮어씌우더니 밧줄로 동여매었다. 다시는 돌아오지 못하도록. 그리곤 한 사람의 발소리처럼 굴러서 내가 모르는 곳으로 떠나갔다. 멀어져 가버린 피아노. 어쩌다 멀리 던진 공을 잃어버린 것뿐이라고 생각했다.

그가 머문 자리에 기역자 귀퉁이만 댕그라니 남았다. 피아노는 어제보다 오늘을 잘살고자 애쓸 때 함께했던 친구였다. 그는 분명 따뜻한 햇살을 많이 받으며 자란 나무이지 않았을까. 살면서 모든 것을 보여주고 털어놓아도 좋을 한 사람쯤 있어야 한다지만 나는 굳이 사람이 아니어도 좋았다.

affetuoso: 애정을 담아

중고 상인 손으로 넘어가기 직전 나는 갑자기 할 말이

생긴 사람처럼, 아니 마지막을 맞대해야 하는 사람처럼 뚜껑을 열어 피아노를 쳤다. 처음에는 도무지 이해할 수 없었던 이 곡을 한때 얼마나 되풀이하며 연습했던가. 육중한 제무게에 늙어가던 몸이 뻑뻑한 소리를 내었다.

누군가를 까맣게 잊어버렸다는 말은 거짓말일 것이다. 가끔 공연장 무대에 놓여 있는 피아노를 먼발치에서 바라볼 때면 왜 그를 버렸는지, 굳이 그럴 일은 아니었다는 생각이 들었다. 끝까지 알려고 하지도 않고 밀어내버린 사람 같았다. 그렇지만 사람이 아니어서 정말 다행일까. 공연장 가득 환호와 박수가 터질 때 나는 수백 명에게 기쁨을 주는 무대 피아노가 아닌 단 한 사람, 나를 위로해 주었던 피아노를 떠올리며 힘껏 박수를 쳤다.

사랑했으나 아름답게 보내주지 못한 내 사랑. 잘 가라. 그리고 같이 산다고 다 사랑일 거라고 생각하지는 마. 나는 이제 익숙해지는 것을 못 견딜 뿐이야. 나의 이별 방식은 놓아주는 사랑이다.

지금 몇 시냐

"몇 시 몇 분입니까? 시간을 구하시오."

초등학교 때 시계 보는 법을 몰라 나머지 공부를 하기 일쑤였다. 방과 후면 종이 위의 시계가 나를 기다리고 있었다. 동그란 시계의 모양과는 달리 머리는 잘 굴러가지 않았다. 시침과 분침이 직각을 이루거나 포개지는 문제는 쉬웠지만 긴 바늘이 조금만 움직여도 짧은 바늘은 어느새 정각을 벗어나 풀기 어려웠다. 짝꿍은 시간의 비밀을 다 알아버린 표정으로 “이게 뭐가 어렵다고….” 하면서 어이없어했다. 나는 운동장 느티나무 그림자가 길어지는 것을 지켜보며 집에 갈 시간만을 기다렸다.

어릴 적, 어머니는 시계에 밥이 떨어졌다며 나를 부르시곤 했다. 안방 윗목 높이 괘종시계가 붙어 있었는데 밥을 주는 일은 늘 내 차지였다. 의자에 올라 유리문을 열고 밥을 주면 죽었던 시계는 묵은 시간을 털어내고 바로 살아났다. 시계가 밥을 먹은 날엔 시간의 발걸음 소리가 더 크게 들렸다. 한밤중 종소리는 무서웠다. 종을 치기 직전 마치 심호흡이라도 하듯 ‘씨익’하며 뱉어내던 태엽의 신음 소리는 더 무서웠다.

얼마 전 친정에 갔다. 창고에 괘종시계가 해묵은 잡동사니 틈에 끼여 먼지를 뽀얗게 뒤집어쓰고 있었다. 언제부터 창고에 있었는지 칠이 벗겨지고 귀퉁이가 부서져 있었다. 세월의 어디쯤에서 멎어 버린 시계는 어머니를 떠올리게 했다.

육남매 중 막내를 결혼시키던 해, 몸에 묵직한 혹이 만져진다고 하시더니 얼마 지나지 않아 커졌다고 했다. 어머니는 퇴원과 입원을 반복했다. 몸속의 혹은 더 이상 치료를 할 수 없게 되었다. 남은 시간이 얼마 없다는 걸 알게 된 후 조금이라도 곁에 있고 싶어 친정으로 내려갔다.

고통으로 느리게 시간이 휘어지던 어느 날, 어머니의 몸이 퉁퉁 부어올랐다. 의사가 오늘을 넘기기 어려울 거라고 했다. 링거액이 초침처럼 다급하게 떨어졌다. 강한 진통제에도 통증이 잦아지지 않았다. 아파도 소리를 내지 않는 성정을 지닌 어머니는 병실에서 죽고 살아나기를 반복하셨다. 잠깐 눈이 감겼다가 뜨일 때마다 "지금 몇 시냐?"고 또 "몇 시냐?"고 자꾸 물으셨다. 물음의 간격은 갈수록 짧아졌다. 그러다 어느 순간부터 말을 잃고 시계만 망연히 쳐다보셨다.

자정 무렵 어머니는 침대에서 힘겹게 몸을 일으켜 앉았다. 당신을 에워싸고 서 있는 자식들을 눈물 괸 눈으로 바라보셨다. 그리고는 갑자기 누룽지가 먹고 싶다고 했다. 나는 누룽지를 끓여 오려고 부리나케 집으로 달려갔다. 입맛이 그대로 있으신 걸 보니 아직 가실 때가 되지 않은 것 같아 마음이 한결 놓였다. 집으로 돌아오자 나도 모르게 긴장이 풀어졌다. 잠깐 눈을 붙인다는 것이 어처구니없게도 깜빡 잠에 빠졌다. 허둥지둥 일어나 조급한 마음에 설끓인 누룽지를 갖고 병원에 가는 사이 어머니 몸시계가 멈춰버렸다는 연락이 왔다.

아무리 세월이 흘러도 엊그제 같은 어머니의 아픈 숨소리가 들린다. 세월의 소용돌이에서도 난 어머니의 시간으로부터 자유로울 수 없었다. 온전히 마음을 기울이지 못한 그날이 지금도 먹먹한 회한으로 작동하고 있다.

어머니는 가파른 생의 내리막에서 어떤 시간이 필요했을까. 절대의 시각 앞에서 몇 시냐, 또 몇 시냐고 왜 그렇게 시간을 물어 왔을까. 째깍거리는 현실의 시각이라고 하기엔 거리가 멀게 느껴졌던 물음. 시간을 터득하지 못했던 유년처럼 나는 지금도 어머니의 물음에 대한 답을 얻어내지 못하고 있다.

수직골목

14층, 문이 열린다. 아래층 여자다. 거울에서 얼른 시선을 떼고 버튼이 있는 구석에 붙어 선다. 그녀와 나는 한밤중 층간 소음으로 무심한 시선이 생긴 지 오래되었다. 말을 트지 않은 그녀와 나는 늘 처음 보는*(알아도 모르는)* 얼굴이다. *(밖에 비가 와요)* 말을 삼킨다. 샴푸 향끼리만 허물없이 통성명을 한다*(저는 봄에 이사 왔어요. 예, 전 이 골목 토박이예요)*. 냄새들이 서로 엉킨다.

문이 닫힌다*(음 소거된 엘리베이터)*. 미세한 기계의 진동음만 떠돈다. 아래층 여자와 단둘이 갇혔을 때 침묵의 부피는 자꾸만 늘어난다. 낯이 익을 대로 익어 어색하다. 그러나 서로 불편함을 내색하지는 않는다. 저쪽에서 외면한다 싶으면 내 쪽에선 체념한다. 어쩌면 그 반대일지도 모른다. 그녀를 만날 때면 막다르기만 한 네모난 골목. 돌아설 모퉁이는 없고 귀퉁이만 있다.

10, 9, 8, 7층…. 침묵이 중량을 초과하여 추락할 것만 같다. 곁눈질로 쳐다본 아래층 여자와 나는 뭔가 불안한 눈빛이 서로 닮았다. 늘 화장기 없는 그녀의 얼굴은 무덤덤해 보인다. 침묵 또한 개의치 않는지도 모른다. 오늘도 바닥에 닿을 듯 치렁한 원피스에 머리는 길게 길러 묶여 있다. 눈 밑에는 세월의 흔적이 단단하게 자리 잡아 보인다. 애초에 누가 먼저 인사하지 않았는지 생각나지 않는다. 이제라도 환하게 웃으며*(인사가 늦었네요)*, 내가 먼저 인사 해볼까. 혹여 눈길이 교차될까봐 아무것도 안 보려고 하는데 승강기

벽에 붙어있는 안전수칙이 눈에 띈다.

"입주민님! 승강기 내부는 밀폐구조가 아니므로 질식할 염려가 없습니다."

"승강기는 안전합니다, 잠시 기다리시면 곧 구출 됩니다."

"갇혔을 경우에는 이렇게 하십시오…."

질식할 염려가 없다는 공간에서 팽팽한 침묵에 갇힌 나는 목이 콱 막힌다. 이곳에서는 기침 소리조차 질서 있게 내야 할 것 같다. 골목의 불빛은 너무 밝다.

딩동, 경쾌한 바탕음과 함께 6층 문이 열린다. 누가 탈까? 떼를 쓰며 우는 아이가 탔다. 두어 살쯤 돼 보이는 아이의 얼굴은 눈물이 범벅되고 콧물도 줄줄 흘러내렸다. 어르고 달래던 아이 엄마가 옆에 서있는 남자에게 서슴없이 "아저씨, 이노~옴! 해주세요."라고 부탁한다*(비상호출)*. 순간, 아이는 재채기하기 바로 직전 같은 찌그러진 표정으로 아저씨를 빤히 쳐다본다. 이놈, 할 아저씨인지 의심하는 눈치이다. 남자는 겁을 줘야 할 아저씨가 된 이상 올라오는 웃음을 참아야 한다. 화를 내는 것도 아닌 새어 나오는 웃음을 간신히 참고 있는 *(간질간질한)* 남자. 그의 표정에 앨리베이터

안은 웃음소리로 일순간 침묵이 깨졌다.

1층이다. 올라가기 위해 엘리베이터 앞에 사람들이 몰려 있다. 문이 열리기를 기다린다. 문이 닫혀 있을 때 승강기는 벽처럼 보인다. 사람들이 타는 순간 열리는 문이 된다. 나는 인사하기 멋쩍은 이웃을 만날 때면 애써 무관심한 척 눈을 반쯤 내리깔고 다니곤 했다. 불편함을 치르는 수고를 하지 않는 것이 누군가의 이웃으로 사는 기술이라고 생각했다. 그래서 허공에 매달린 문고리를 잡듯 팔을 뻗어 내 층수버튼만을 고집했다. 내가 쌓은 벽이 나를 지켜줄까. 방음이 잘 안 되는 얄팍한 벽처럼 살고 있는 사람들*(들들…)*.

오늘도 골목은 바통을 잇는 달리기 선수처럼 숨가쁘게 오르내린다. 무거운 침묵*(고장의 원인)*을 견뎌내느라 철골과 용수철의 힘줄도 느슨해졌을 것이다. 그 누구도 오래 머물길 원치 않는 비좁은 사각지대. 스스로 내몰린 이곳에서 길을 잃으면 갈 곳이 없다. 수직골목에서 인사법을 잃어버린 나는 오늘도 *(점 · 검 · 중)*이다.

바람난 매생이

매·생·이.

세 음절을 발음할 때마다 꼭 누군가의 이름을 부르는 것 같다. 고향에서는 엄동설한을 매생이철이라고 한다. 어려서부터 무시로 먹어온 이력 때문인지 찬바람 불고 스산할 때면 매생이가 그립다. 걸쭉한 진초록 한 대접 후루룩 들이켜야 한기든 속이 녹을 것 같다.

조리법도 단순한 매생이는 죽이라면 죽, 국이라면 국, 반찬이라면 반찬이다. 가늘디가는 가닥들은 생각보다 까다로운 속내를 가졌다. 야무지게 쪽 찐 머리마냥 반지르르 태깔 좋은 매생이를 살랑살랑 흔들어 체를 치듯 씻어 바구니에 건진다. 그런 다음 매생이를 끓일 때에는 팔팔 끓이지 말고 뭉근하게 끓여야 한다. 팔팔 끓이면 성급한 사랑처럼 다 녹아버리고 만다. 매생이가 들썩들썩 쑤석이며 끓다가 더 뻗대봐야 아무 이득이 없는지를 알고 누그러질 때, 되작되작 젓다가 불을 꺼야 한다. 부글부글 오래 끓이면 멀건 국물이 되어버린다. 매생이는 은근히 끓여야 제 안에 품고 있던 연정을 한꺼번에 풀어 헤친 여심처럼 낭글낭글 간드러진다.

매생이가 석화를 만나면 황홀한 궁합이 된다. 서로 엉킨다. 막 물오른 초봄의 수양버들 같은 매생이는 혀에 와 닿기 전에 먼저 코에 와 닿는다. 바다의 치마폭 한 자락을 슬쩍 들춰낸 향기를 낸다. 겨울 한철 당신을 덥힐 수만 있다면 당신의 혀끝에서 풀어져도 좋다는 듯, 당신을 초록바다로 물들이고 싶다는 듯, 바다를 품은 연정을 타래타래 풀어낸다.

뜨거워도 김이 나지 않는 매생이국은 사랑하는 이의 입김처럼 뜨겁다. 뜨거움을 품고도 겉으로 태연한 여인이다. 만만하게 보고 성급하게 한 술 뜨다가는 입천장이 데고 만다. 맨지름하니 보여도 들추면 들출수록 전신을 화들짝 놀래는 뜨거운 여자다. 결이 곱고 보드라운 것일수록 조심스럽게 다가가야 한다. 그러면 바다와 갯벌을 방심하듯 놓아버린 농염한 맛이 혀에 감긴다. 뜨거운 바다를 삼키는 미끈한 쾌감! 그럴 때면 슬며시 수저를 놓고 그릇째 들고 먹어도 좋다.

이제 매생이는 고향 사람들만의 별미가 아니다. 오로지 김만이 돈이 되던 시절, 김발에 들러붙어 올라오면 못마땅하기 짝이 없었다. 잔생이도 말 안 듣고 김에 끼어들던 매생이는 밭농사에 비하자면 잡초 중의 잡초였다. 천덕꾸러기 매생이가 이제는 귀한 몸이 되어 전국으로 바람이 났다.

다음 정류장

아저씨, 이 차 어디로 가요?

문이 반쯤 닫히려는 순간, 운전기사가 버럭 화를 낸다. 버스는 짧은 정차 후 지체됐다는 듯 사납게 출발한다. 금방 행선지를 묻던 여자 승객의 물음이 덜컹 귀에 닿는다. 이어

냉랭한 안내 방송이 흘러나온다.

다음 정류장은 신월동입니다

어휴, 근데 열받아 죽겠어. 내가 하루 이틀 일하는 것도 아닌데, 들어온 지 얼마 안 된 놈이 주인한테 전화 한 거야. 자기도 수다 떨면서 우리가 떨면 사장한테 꼬질른다니까. 얼마나 사람을 얕잡아 보는지 몰라. 오늘 출근하면 또 한소리 듣겠지…. 난 이 집 김밥이 좋아. 시금치는 질긴데 우엉이 많이 들었거든.

앞좌석 등받이 사이로 보이는 오십이 훌쩍 넘은 여자와 그보다 더 나이든 여자가 은박지에 싸인 김밥을 먹으며 대화를 나누고 있다.

다음 정류장은 합정역입니다

승객들이 교통카드를 찍을 때마다 환승입니다! 환승입니다! 연이어 들린다. 먼 곳을 떠돌던 중학교 때 기억이 갈아

타듯 환승한다. 시험성적이 뒤처졌던 나는 학교장 추천을 받지 못해 명문고가 있는 도회지 진학이 무너졌다. 낮은 점수에 맞춰 도시로부터 떨어진 소읍에서 학교를 다니게 되었다.

다음 정류장은 홍대입구입니다

깊은 숨을 내쉬며 신촌거리를 유심히 바라본다. 대학가라 그런지 거리가 젊음으로 활기차다. 젊음의 진원지 같은 이곳을 지날 때마다 잘 낫지 않는 상처처럼 묵은 기억이 되살아난다. 살아오면서 관통했던 많은 정류장 중에 가장 초라하게 통과했던 열일곱 살 정류장. 멀리 떠나보낸 줄 알았던 좌절의 시간들이 졸음처럼 쏟아지며 차창에 부딪힌다. 나에게 허용되지 않았던 경계를 얼마나 넘고 싶어 했던가. 탈 때는 목적을 향해 가고 싶었지만 잘못 올라탄 것 같아 중간에 수없이 내리고 싶었다.

다음 정류장은 연세대 앞입니다

주말이면 고향 읍내 정류장에는 대부분 촌에서 도시학교로 돌아가려는 학생들로 붐볐다. 새하얀 칼라에 명문여고 배지를 단 약방집 딸은 우월감을 반짝이며 나타났다. 한때 가깝게 지낸 그 친구와 마주칠 때마다 엄지로 눌러 박은 압정처럼 마음이 납작하게 눌리었다. 길은 외길이었고 완행버스는 내가 자취를 하고 있는 소읍을 거쳐야만 도시로 갈 수 있었다.

다음 정류장은 이대입구입니다

어느 날 하필 선망의 감정을 품었던 그 애와 버스에 나란히 앉게 되었다. 생글생글 눈웃음을 치는 그 친구와 짐짓 모른 척 한마디 말도 나누지 않았다. 그 애의 눈웃음이 자꾸만 날 얕잡아보는 것 같았다. 열패감이 비포장길 뿌연 먼지처럼 풀썩풀썩 일어났다. 주눅과 창피함이 바싹 죄어치는 바람에 나는 목적지에 못 미쳐 내려버렸다. 어쩌자고 무작정 내리고 말았는지. 낯선 곳에서 그만 털썩 주저앉고 말았다.

다음 정류장은 안국역입니다

버스는 정류장마다 가쁜 숨을 돌리듯 멈춰 서며 묵묵히 달린다. 김밥 먹던 여자들의 대화가 다시 들려온다. 아휴, 젊은 사장이 어찌나 갈구는지 몰라. 하느님 사랑으로도 용서되는 게 아니야. 일손이 부족해도 인원 보충 안해 주지, 휴가마저 못 쓰게 하지, 이건 말이 안 되는 거 아니야? 아, 날씨 좋다. 오늘 같은 날은 즐겨야 하는데…. 잠시 침묵이 흐른다. 맞은편 차도에는 차들이 납작하게 엎드린 채 밀려 더 이상 물러설 데가 없어 보인다. 그녀들은 광화문에서 하차 벨을 누르더니 쫓기듯 후다닥 내렸다.

버스는 다시 차창으로 고층빌딩 세상을 끝없이 반사하고 받아내며 달린다. 한숨을 틀어막듯 김밥을 삼키던 여자가 신산한 생의 노선에서 하차하고 싶은 정류장은 어디였을까. 꺾어진 길 없이 순탄하게 목적지까지 도착한 사람이 얼마나 될까. 흔들리는 버스 속에서 피곤에 눈을 붙이거나 이어폰을 끼고 휴대폰에 얼굴을 파묻거나 작은 손잡이에 의지하며 휘청거리는 사람들. 어쩌면 우리는 자신이 가고자 하는 곳이 어디인지 모른 채 정거장과 정거장 사이를 부유하고 있는지도 모른다.

언제나 다음엔 더 잘하고 싶었다. 다음이라는 정류장에는 늘 희망이 먼저 와 기다리고 있었다. 다음, 이다음이 있기에 다시 시작할 수 있었고 앞으로 나아갈 수 있었다. 그렇게 다음들이 쌓여 가는 사이 이마와 눈가엔 주름살이 늘고 흰머리도 생겼다. 사는 일이 수많은 정거장을 거치는 것과 같다면 난 지금 생의 어느 지점을 통과하고 있는 것인지.

다음 정류장을 향해 막 출발하려던 버스가 끼익, 브레이크 소음과 함께 급정거를 한다. 승객을 태우기 위해 문이 열리자, 뒤늦게 뛰어온 한 중년여자가 외치듯 묻는다.

아저씨, 이 차 어디로 가요?

그 많은 노선을 다 말해 달라는 거요? 지금?

2부

내가 나를 할퀼 때

단추

철로를 따라 바람이 분다. 도시의 겨울은 아무리 두껍게 옷을 입어도 으슬으슬한 기운이 스며든다. 한기에 옷을 여미려고 습관적인 손놀림으로 외투 단추를 더듬는다.

어떡해. 어디서 떨어져 나간 것일까. 단추가 매달려 있던 자리에서 실밥을 뜯어내는데 지적인 외모에 빈틈없는 그녀가 떠올랐다.

"난 수면제를 먹어야 잠이 와요."

그녀는 고통의 밤을 길게 말했다. 나는 수면과다에 시달리고 있었으므로 그녀의 말에 무감각한 표정을 지을 수밖에 없었다. 아무 일도 일어나지 않는 날들이 길게 이어지고 있는 가운데 무기력에 빠진 나는 틈만 나면 잠을 잤고 깨어나도 가수면 상태에 빠졌다. 캄캄한 어둠 속에서 눈을 뜨고 있는 그녀와 한낮에도 잠의 수마 속으로 침몰하는 나는 어쩌면 같은 물결 위를 표류하고 있다는 생각이 들었다.

지금 그녀의 집에 초대를 받고 가는 길이다. 그녀가 사는 도심에는 레스토랑과 카페, 소품 가게들이 깔끔하게 줄지어 있었다. '돌아온 싱글' 서영 씨는 먼저 도착했는지 그녀와 함께 거리로 나와 나를 반갑게 맞아주었다. 세 여자는 세미나에서 처음 만났다. '자아통합'이라는 주제의 강의를 듣고 난 후 집단으로 나눔을 가졌고 그때부터 내면의 상처들을 나누는 사이가 되었다.

그녀의 집은 초고층 주상복합 건물이었다. 집안은 유리로 둘러싸여 있어 투명 돔에 갇힌 기분이 들었다. 층이 높아

하늘만 보이는 바깥 풍경 때문인지 바닥 없는 허방에 떠 있는 것 같았다. 나는 거실 사물들의 조화를 가늠하고 판단하는 감정관 같은 시선으로 실내를 살폈다. 어쩌면 그녀를 좀 더 깊이 알 수 있는 실마리를 찾고 싶었는지 모른다. 잡동사니가 전혀 없는 실내는 항상 차가운 빈방처럼 느껴졌다.

잠깐의 탐색이 지나고 그녀가 내 외투를 받아 들더니 드레스 룸으로 갔다.

"이거 야하지?"

같이 따라 들어간 내게 습자지처럼 얇은 속옷을 보여 주었다. 훤히 들이비치는 검은 레이스 천에 깔린 붉은 장미무늬가 저돌적이기까지 하다. 어쩌면 그녀가 은밀히 피워 올린 열정이 저런 무늬일까. 푸른 이파리 하나 달리지 않는 붉은 꽃숭어리들이 뜨겁다. 그 뜨거움에 데일 것 같다는 생각을 잠시 괄호 속에 묶어둔 채

"… 그 정도면 야한 건가요?"

되묻는 내 대답은 안착할 곳을 찾지 못하고 부메랑이 되고 만다. 남자의 품을 갈망하는 그녀는 출근하는 남편에게 플라토닉 사랑은 언제 끝낼 거냐고 넌지시 마음을 떠본다고

했다. 하지만 그녀의 남편은 아내의 욕구는 집안 장롱 가장 깊숙한 곳에 숨겨야 고상하고 안전하다고 생각한다. 여자는 남편과 좁혀지지 않는 사랑의 간격으로 괴로워했다.

그녀가 깊은 시선으로 나를 바라보더니

"흑장미 같아."

"장미요?"

"꽃잎이 벨벳처럼 빨려 들어갈 것 같은 검붉은 장미…. 가시를 숨기고 있는…."

"……."

그녀와의 대화 사이가 부풀어 오르기 시작했다. 내가 언제 꽃이었던 적이 있기나 했던가. 스무 살 무렵부터 절대적으로 순결해야 된다는 강박에 갇혔다. 나비 날개처럼 부서지기 쉬운 순결을 꽁꽁 동여매었다. 보수적인 시골마을, 어머니는 마치 정해 놓은 배필이라도 있는 것처럼 행실을 단속했다. 우셋거리가 될까봐 벼락처럼 떨어지던 어머니의 꾸지람이 생생하다. 바람만 스쳐도 몸 물이 돌던 시절을 무사히 건너기 위해 꼭 지녀야 했던 부적이 순결이었다.

자칫하다가는 세상의 인습이라는 날카로운 가시들이 다

내게로 향할 것만 같아 두려웠다. 안에서는 욕망이, 바깥에서는 강한 흡인력이 내게 손을 뻗어올 때마다 터부시했고 불순하고 저급한 감정으로 치부했다. 나는 착실히 접힌 꽃잎 속에 숨었다.

숨은 가시라는 그녀의 말이 꽤 부정적으로 들렸지만 내게 꽃이라 이름 붙여준 관심이 싫지는 않았다. 다만 당신은 아직 나를 표면적으로 파악할 뿐이라고 생각했다. 누군가 나에 대해서 말해 주거나 규정해 주면 그 이미지에 꼼짝없이 갇힐 때가 있었고 설명으로는 불가능한 나는 꼼짝없이 그런 사람일 때가 많았다.

주방에서 서영 씨가 석류 껍질을 벗기고 있다. 알맹이를 상처 나지 않게 빼내느라 애쓰는 모습이 왠지 애잔하다. 이혼의 아픔을 삼켜버린 그녀는 쉽게 열 수 없는 자신의 마음을 열어젖히려 애쓰는 듯 보인다. 으깨진 석류에서 붉음이 흘러나오자,

"석류물이 손에 묻으면 꼭 핏물 같아."

손을 씻어가며 알갱이를 파낸다. 그녀는 지금 결별의 통증을 파내고 있는 것일까. 아니면 여러 개의 미색 밀실을

지닌 석류 속 같은 속내를 파내고 있는 것일까.

"완벽한 남자를 원해요?"

내가 물었다. 그녀는 덧없는 사랑의 이력을 추가하고 싶지 않다고 했다. 꿈꾸는 남자는 현실에서 만날 수 없는 것일까. 아니면 자기 자신을 사랑하는 것으로 충분하다고 생각하는 것일까. 또다시 결혼하지 않기를 선택하고 있는 그녀다.

익을 대로 익은 석류 알갱이들이 알알이 윤을 내는 개체가 되어 서로 다른 모서리를 맞대며 접시에 담겨졌다. 시린 단맛이다. 우리는 붉음 앞에서 그동안 차마 꺼내지 못했던 아픔을 토해냈다. 석류 알맹이처럼 겉으로 보이는 모습은 비슷하지만 눌린 감정의 모서리는 각자 달랐다. 결혼과 이혼이라는 삶의 밑그림 위에서 맞서기도 하고 때로는 치이기도 하면서 겪어야 했던 세 여자의 묵직한 이야기는 끝이 없었다.

집으로 돌아갈 시간, 나는 그녀의 드레스 룸에서 외투를 받아 걸쳤다. 눈동자가 빠져나간 퀭한 단춧구멍이 나를 빤히 올려다본다. 지금 어디선가 사람들의 발길에 차이고 있을 잃어버린 욕망의 눈동자. 두껍고 꽉 조인 인습이라는 외투에서 얼마나 조바심치다 지쳐 떨어져 나간 것일까.

미미한 것의 사라짐. 너무 사소한 것이어서 아무것도 아니라고 여길수록 오히려 마음에 자국으로 남는다. 작은 고리 속에 끼워진 단추 같은 부속품으로 살아가고 있는 것이 우리 세 여자의 자화상이기 때문은 아닐까.

도둑숨

다다앙~다당.

장구 장단에 맞춰 〈아리랑〉을 부른다. 무릎박자를 치며 한 대목 한 대목 메기는 소리를 토막소리로 받아낸다. "구부야 구부 구부가 눈물이로오구나." 산다는 것이 재미있고 좋아서 사는 것만은 아니리. 채편에서 울려 나오는 엇박자에 맞춰 저마다 주어진 고갯길을 노랫가락으로 넘어간다. 약간 갈린 듯한 소리꾼 목청에는 그늘이 묻어 있어 심금을 울린다.

소리꾼이 메기는 앞소리에 토를 달듯이 따라붙는 후렴은 수없이 반복해 불러도 빛을 잃지 않는다. 후렴은 눈물 끝에 실리는 웃음이랄까. 감정을 휘감는 묘한 매력이 있다. 아리랑 아리랑을 "알리요 아리요 누가 내 속을 알리요." 속엣 말로 풀어내며 부른다. 한 소절, 한 소절, 메기는 소리에 뒤를 이어받는 가락은 내가 리드하는가 싶으면 어느새 소리꾼이 나를 이끌어가는 순간으로 이어진다. 주체가 되었다, 객체가 되었다, 서로 뒤바뀌면서 주고받다 보면 신명이 솟는다. 몸통을 통소 삼아 소리꽃으로 피어나고 싶다.

소리돌림으로 숨이 차오른다. 잠시 호흡을 고르다가 오래 참았던 숨을 내쉬듯 "쑥—대–머리", 하고 툭 던지는 〈춘향가〉. "저억–막 옥방"하며 치올리다 더 이상 주체하지 못한 듯 연발하며 터져 나오는 "보고지고 보고지고." 꺾일 듯 꺾이지 않고 이어지는 대목에서 울컥 설움이 얹힌다. 판소리를 처음 배울 때 박자타기도 어렵고 선뜻 입이 떨어지지 않았는데 몸이 토해내는 질펀한 가락에 속살이 드러난 듯 부끄럽다. 가슴 깊은 곳을 훑고 나오는 목청에는 함부로 열어 보이지 말아야 할 감정이 묻어나온다. 그럴 때면 목소리가 몸이구나 하는 생각이 든다.

결혼 후, 세상이 당신과 나로 가득 차 있다고 믿었으며 그것으로 충분하다고 생각했다. 하지만 서로 엇결린 세월의 한 구절에서 더 이상 들이마시지 못할 만큼 숨이 차올랐다. 밥알이 목구멍에 콱 막히도록 숨이 찰 때면 집 근처 바닷가로 달려갔다. 너른 바다의 품에 안기면 말을 잃었다. 짜그락 짜그락 물결을 받아내는 갯돌 밭에는 단단한 상처덩어리들이 물의 살을 찢으며 소리를 지르고 있었다.

휩쓸려 오고 휩쓸려 달아나는 물살에 씻기며 제 모난 살점을 덜어내는 갯돌들은 둥글고 매끄럽고 검고 반짝거렸다. 사람과 사람이 만나 서로 모서리가 닳으면 그것이 사랑일까. 감정의 격랑 속에서 걸쭉하게 소리 한 자락 질러 주어야 할 대목들이 많았다. 밀물의 일렁임과 썰물의 물러남이 끝없이 순환하는 바다, 변함없는 간만을 하염없이 지켜보면서 당신과의 관계란 것도 엇갈린 장단으로 받아들이지 않을 수 없었다. 저물 녘, 밀물이 부둣가에 차오르면 나는 한 척의 고깃배처럼 가볍게 떠올라 마음의 닻을 비끄러매고 집으로 돌아오곤 했다.

숨이 막힐 때까지 길게 뽑아내야 하는 인생 무장단의 틈을 비집고 들어가 보면 바다와 같은 숨통이 있다. 삶의 마디그 어드메쯤, 소리 소문 없이 제 알아서 꺾어 넘어가야 하는 대목에서 출렁이는 바다의 리듬 같은 도둑숨으로 풀어낸다.

다다앙~다당.

생손앓이

또 할퀴고 지나갔다. 손– 톱– 자국이다. 긴 한숨을 내쉬며 풍뎅이 등짝 같은 엄지손톱을 내려다본다. 갈라진 틈새가 양옆으로 벌어지면서 붕, 하고 날갯짓이라도 할 것 같다.

고등학교에 들어가자 나는 급수 따기에 전념했다. 여상에서는 타자와 주산 부기가 수업 내용의 절반을 차지했는데 급수를 따는 일에 손톱은 중요한 도구였다. 타자기를 처음 쳤을 때 느낌은 짜릿했다. 타닥 타다닥, 손끝으로 누르는 지압에 따라 짙고 옅게 농담이 달라지던 글씨체. 소리도 경쾌했지만 손가락 힘으로 자음과 모음이 날아가 종이에 글자로 박히는 게 신기했다. 자판에 익숙해지고 속도가 붙기 시작하던 때 나는 생손앓이를 했다.

입학하던 해 여름, 애들 사이에 손톱을 다듬는 일이 유행처럼 퍼졌다. 길러서 단면을 갈아 내고 손톱눈을 파내는 일에 열중했다. 나도 필통에 들어있던 녹슨 칼로 손톱반달을 덮고 있는 거스러미를 도려냈다. 그러다 그만 엄지손톱에 상처를 내고 말았다. 살짝 베었다고 생각했는데 피가 나오고 있었다. 생살에 녹슨 쇠를 대는 게 얼마나 미련한 짓인지 몰랐다.

주판알을 튕길 때 엄지와 검지가 주판 위에 떠 있어야 한다.

"자, 털고 놓기를…."

선생님의 말이 떨어지기가 무섭게, 투수가 공을 빠르게

던지는 것처럼 한 치의 망설임 없이 한 알 두 알 숫자를 치고 계속 달려야 한다. 주판알 튕기는 소리가 소낙비 소리처럼 교실 안을 가득 채웠다. 하지만 나는 아픈 손가락 때문에 책상에서 손을 내린 채 쏟아지는 소낙비를 혼자 다 맞는 기분으로 멍하니 앉아 있었다.

작은 읍내에 있는 여고는 같은 지역 중학교에서 온 애들이 대부분이었다. 나처럼 타지에서 온 애들은 많지 않았다. 기숙사가 없었기 때문에 나는 방을 얻어 자취를 했다. 아이들은 세 명, 많게는 대여섯 명씩 무리를 지어 다녔다. 쉬는 시간마다 우르르 몰려다니고, 점심을 같이 먹고, 함께 하교했다. 부모로부터 난생처음 떨어져 낯선 곳에 혼자 내던져진 나는 어떤 무리에든 속하고 싶었지만 쉽게 마음 붙일 친구를 사귀지 못했다. 그러던 어느 날이었다. 붕대로 감은 엄지를 호주머니에 집어넣고 다니던 내게 K가 다가왔다.

"손이 왜 그래? 보여줘 봐."

부끄럽게 내민 누런 손톱을 보더니 K는 소독이라도 좀 해야겠다며 내 손목을 끌고 양호실로 데려갔다. 선생님들의 칭찬을 한몸에 받고 있는 그 애는 똑같은 체육복을 입어도 귀티가 났고 늘 팝송을 흥얼거렸다. 같은 열일곱 살인데도 말하고 행동할 때 내게 없는 성숙함이 느껴졌다. 어쩌다 그 애와 눈이 마주치면 괜히 주눅이 들어 얼른 피하곤 했던 아이, 그 앤 성적이 뛰어난 우등생이었다.

2학년 봄, 운동장에 벚꽃이 한참 흐드러지게 피었다 떨어질 때였다. 그 애와 나는 대학을 목표로 하는 인문계반에 들어갔다. 같은 반이 되면서 우리는 늘 붙어 다녔고 그 애와 친하다는 사실이 나를 우쭐하게 했다. 무엇이 그리도 즐거웠을까. K는 내게 은근히 웃기고 맹한 구석이 있다며 재밌어했다. 어느 날 청소시간에 K가 검게 변해가는 내 손톱을 보고 "썩은 손톱 같잖아." 하며 매니큐어를 내밀었다. 매니큐어가 칠해지자 감쪽같았다. 못난 손톱을 숨겨주는 그 애가 무척 고마웠다.

K는 수업을 마치면 곧장 집에 가기 싫어했다. 우린 종종 언덕에 있는 공원에 올라 그늘에 앉아 쉬곤 했다. 어느 날, 여기저기 골목길을 헤매며 걷다가 학교 가는 지름길을 알게 되었다. 지름길에는 옛 성터의 흔적이 남아 있었는데 언덕으로 올라가는 길은 조용했고 해 질 무렵에는 노을을 볼 수

있어 좋았다. 시험 기간에는 공부한다는 이유로 내 자취방에서 밤을 새기도 했다. K는 자기 공부가 밀려 있으면서도 내가 모르는 문제풀이 도움을 청하면 이해할 때까지 설명해 주었다. 솔직해진다는 건 내가 한심하다는 걸 보여준다는 의미인지 그때는 몰랐다.

2학년 겨울방학이 지나면서 K는 우등생들과 어울리기 시작했다. 쉬는 시간에도 그 애들과 어울려 노느라 나를 찾지 않았다. 어느 날, 수돗가에서 그들이 깔깔대며 수군거리는 소리를 우연히 엿듣게 되었다.

"내가 진짜 이런 말까지는 안하려고 했는데, 붕어처럼 눈은 툭 튀어나와가지고 멍청한데다 행동은 또 얼마나 굼뜬지 맹추 같다니까. 그깟 매니큐어 하나 던져주니 좋아하는 꼴이라니…."

키득거리는 그들의 웃음소리를 들었을 때 나는 빨리 그 자리를 도망치고 싶을 뿐이었다.

매니큐어로 감춰놓았던 손톱이 덧나기 시작했다. 자르고 싶어도 자를 수 없었다. 손톱깎이 날이 닿기만 해도 아파서 건드릴 수가 없었다. 나는 욱신거리는 통증처럼 그 애의 무심한 태도와 종잡을 수 없는 변덕을 참아내고 있었다. 변한 건 K만이 아니었다. 나 또한 묘한 감정이 생겼다. 손톱으로 그 애를 할퀴면 시원해질 것 같았다. 사람이란 게 그리 착하게 굴지 않고 싶을 때도 있는 거니까. 한 번쯤 할퀴어서 앙칼진 성깔을 보여주고 싶었지만 그 애를 할퀸다고 해도 내 손톱만 꺾일 것 같았다. 손톱 밑에 찬 고름을 꾹꾹 짓눌러 짜도 성이 차지 않았다. 신경을 건드리는 예민한 더듬이를 하나 더 갖고 사는 기분이었다.

그 무렵 체육시간이었다. 피구게임 상대편에 K가 있었다. 금 안에는 세 명이 남아 있었는데 K는 공을 들고 나를 겨누었다. 흰 공이 정면으로 내게 날아왔다. 아랫배에 부딪히는 둔탁한 느낌과 함께 공이 내 품안에 있었다. 난 두 번이나 연속해서 그의 공격을 받아 냈다. 결국 세 번째 공을 받다가 맥없이 나가 떨어졌다. 온몸에 힘이 빠져 얼른 일어나지 못하고 있는데 "야, 죽었으면 빨리 비켜!" K는 짜증스럽다는 듯이 소리쳤다. 나는 얼굴이 뜨겁게 달아올랐다. 저 애가 그토록 다정했던 그 아이 맞아? 공에 실려 날아온 감정을 감당 못하고 놓쳐버린 꼴이었다.

그 이후 '맹추'라는 두 음절과 싸웠다. 그 말 한마디에 바닥까지 들켜버린 기분이 들었다. 다른 아이들도 나를 그렇게 볼 거라는 의심까지 들었다. K처럼 성적이 우수하고 잘 놀고 리더십 좋은 아이가 아니기에 위축될수록 그 애 앞에서 태연한 척했다. 그런 자신이 비굴하게 느껴졌지만 참는 방법밖에 없었다. 그에게 나는 어떤 친구였을까. 부모님의 기대와 압력에 많이 힘들어 했던 친구에게 내 구석방은 숨통을 틔우는 도피처였는지 모른다.

아픈 증세가 가라앉더니 손톱 밑에 작은 벌레들이 기어다니기라도 하는 것처럼 근질거렸다. 허옇게 들뜬 손톱은 기어이 빠져나갔다. 손톱 자리는 말린 무화과처럼 쪼글쪼글해졌고 새 손톱이 나오기를 기다리는 사이 졸업을 맞았다.

돌이켜보면, 당시 내가 진짜 두려워한 건 따돌림이 아닌 못난 '나'였다. 모든 것을 다 드러낸다고 해서 친밀해 지는 게 아니었다. 열등은 상처받기 쉬운 약점이라는 것. 약점은 변형된 채 자리 잡은 엄지손톱처럼 감춰야 한다는 것. 모자라는 점을 공유하면 편해지기도 하지만 때로는 무시당하는 걸 감수해야 한다는 걸 알게 되었다. 급수와 성적에 의미를 두던 고등학교 시절. 세상이 말하는 상위권 무리에 낄 수 없었던 소외감…. 그리고 팽개쳐짐…. 친구에게 나는 손톱이었다. 잘라내도 아프지 않고 더 이상 필요하지도 않고 귀찮아서 휴지통에 넣어야 하는 손톱. 난 그녀에게 손톱이 아닌 심장이고 싶었다.

엄지손톱을 깎는다. 지금도 조금 자랐다 싶으면 끝이 두 쪽으로 갈라져 할퀴기 일쑤다. 스무 살 이전, 손톱의 기억으로부터 얼마나 떠나왔는지 가늠해본다. 열등을 느끼는 순간은 생각보다 자주 찾아와 내가 나를 할퀼 때가 더 많았다.

풍뎅이 등껍질 같은 손톱은 날고 싶은 걸까. 갈라진 틈새로 양 날개가 파닥이며 기지개를 켤 것 같다. 날을 세우고 있는 손톱은 지금도 자라는 대로 깎아내 버려야 할 불편한 감정이다. 바짝 깎인 못난이 손톱. 세상을 손톱만큼밖에 모르던 미숙했던 지난날의 흉터를 쓰다듬듯 만져 본다.

백 번째 봄

지난번 할머니를 뵈었을 때 늦가을 바스락거리는 호박잎처럼 쇠잔해 보였다. 등을 돌려 골목을 빠져나올 때 눈물바람을 하시던 모습이 마지막이 될 줄 몰랐다.

고속버스가 질주한다. 장례에 가기 위해 첫차를 탔다. 장거리를 달려야 하는 버스의 빠른 속도가 차창 밖 풍경을 지워버린다. 할머니가 살아온 백 년이라는 시간의 터널을 헤아려본다. 백 년은 가늠할 수 없는 한 세기이다. 할머니는 고향집 마당 감나무처럼 늘 그 자리에 존재할 것만 같았다.

차창에 사선으로 부딪친 빗방울들이 바람에 씻겨 흔적도 없이 사라진다. 조금 전, 버스가 통과했던 비 내리던 충청도와 햇빛 쨍쨍한 전라도 날씨만큼이나 궂은날 맑은 날 수없이 겪었을 할머니의 까마득한 시간. 살아가는 일은 자신에게 부여된 시간을 견디는 일인지도 모르겠다.

광주터미널에서 내려 친정으로 가는 시외버스로 갈아탔다. 국도에 접어들자 버스가 머리를 틀 때마다 눈에 익은 마을들이 보인다. 산허리를 몇 차례나 돌고 돌았을까. 고향 읍내가 가까워지자 들녘 멀리 탑골마을을 끼고 도는 산모랑 아래 할머니의 밭이 보인다. 앉은걸음으로 풀을 매던 모습이 떠오른다.

어릴 적 나는 할머니를 따라 자주 밭에 갔었다. 비스듬히 기울어진 밭머리에는 평생 그 밭을 벌어먹었다는 증조모의 나직한 무덤이 있다. 나는 무덤가에서 개미집을 헤집으면서 할머니의 호미질이 끝나기를 하염없이 기다리곤 했다. 이제

나저제나 기다리다 지쳐 할머니 곁으로 다가가면 풀을 매던 할머니가 내 발소리에 가끔 허리를 폈다.

"할무니, 이게 무슨 꽃이여?"

"시름꽃이란다. 옛날에는 나물이었는디 시방은 풀이여."

보랏빛으로 피어난 풀꽃을 쑥쑥 뽑아냈다.

"할무니 이쁜데…."

손톱만 한 꽃잎, 그것은 제비꽃이었다. 할머니에게는 뽑아도 뽑아도 되살아나는 시름꽃일 뿐이었다.

나는 중학교 때부터는 밭일을 거들었다. 가을걷이 때에는 호미질로 캐놓은 고구마를 자루에 담아 머리에 이고 구릉지를 내려오는 것이 나의 일이었다. 집으로 오려면 밭고랑에 걸쳐놓은 두껍다리를 아슬아슬하게 건너 좁은 논두렁을 따라 마을에 이르렀다. 밭이 비탈진 산발치에 있어 몇 배 힘이 들었다. 밭머리에 들어서기 전부터 가쁜 숨을 쉬며 할무니, 하고 부르면 깜짝 놀라며

"오메 내 새끼 그 새 갔다 왔냐, 날아서 왔드냐?"

잘한다고 치켜세워 주는 바람에 목덜미가 아파도 마당에 부려놓고 선걸음에 돌아서곤 했다. 그렇게 몇 차례 고구마

자루를 나르고 나면 어둑한 산그늘이 내려왔다. 그때서야 머릿수건을 벗어 흙먼지를 털어내며 일어서던 할머니의 모습이 생생하다.

장례를 치르고 마을로 들어섰다. 마을 사람들은 "참 오래 사셨다잉." 이만하면 많이 사셨다며 호상이라 했다. "아짐은 뱉은 대로 행동하는 사람이었제. 어긋나들 안해." 말과 행동이 다르지 않았던 할머니에 대한 동네 사람들의 헌사가 반가웠다.

집으로 돌아와 유품을 정리하는데 헛간 벽에 호미들이 조르라니 걸려있다. 뭉툭한 것도 있고 손때가 먹어 반질거리는 나무 자루에 헝겊을 두른 것도 있다. 끝이 반달처럼 닳아진 호미에 할머니의 세월이 휘어져 있다. 할머니는 군에 보낸 아들을 가슴에 묻는 곡절을 겪었다. 군부대에서 다녀가라는 전보를 받고 한걸음에 달려갔더니 병상에 누워있던 아들이 말 한마디 못한 채 어머니를 보며 눈물만 흘리더란다. 그런 일이 있은 얼마 후 유골이 되어 돌아왔다. 원인이 밝혀지지 않은 의문사였다. 다 큰 자식의 주검을 받아 들고 당신 주먹으로 가슴과 허벅지를 얼마나 치며 통곡했는지 가지색

물이 짙게 들었다고 했다. 밤이면 아들의 신발을 부여안고 울다 해가 뜨기 무섭게 밭으로 나가셨다.

나이가 들어서는 평생을 오르내렸던 밭을 몇 차례 쉬어야 갈 수 있었다. 자식들이 말리면 "야야! 기냥 바람 쐬는 셈치고 허는 거제." 하셨다. 할머니에게 호미질은 꽝꽝한 흙가슴에 응어리 같은 돌을 추리는 일이었을까. 스물셋 청청한 나이에 꺼져버린 자식의 극락왕생을 비는 마음이었을까. 아니면 자식을 앞세운 몸이라는 당신을 향한 칼날이었을까. 비탈밭에는 콩 꽃과 깨꽃과 도라지꽃이 수없이 피었다 졌다.

유품들은 방안 살림보다 바깥 물건이 더 많았다. 허드레 창고에 할머니의 말벗이었고 일벗이었던 호미가 노동의 소임을 다하고 쉬고 있다. 쓰디쓴 세월을 받아낸 무쇠빛 호맹이들. 어쩌면 할머니의 세월은 저 쇳도막이 연마되는 과정이었는지도 모른다. 반복되는 몸공과 첩첩이 쌓인 시간이 느껴지는 창고는 할머니 내력을 편편이 간직한 박물관 같다.

고향집 마루에 서서 멀리 산비탈을 바라본다. 산머리에 뭉게구름이 몸을 바꾸며 흘러간다. 구름 너머에 '백년 세월' 이란 표지판을 따라 바쁘게 걸어가고 있는 한 사람이 가물

가물 보인다. '할무니, 어디 가세요?' 푸른 이랑 일궈놓고 밭두둑에서 흡족해 하시던 할머니가 뒤돌아보는 것 같다. 아들 만나러 가는 하늘 길은 굽은 길이 아닐 것이다. 허공 길은 직선이니까.

할머니는 팔순 구순을 넘어 백 번째 봄날, 비문에 마침표를 찍으셨다. 진달래꽃 지천인 제암산 어드메쯤, 고무신 벗어놓고 저승 밭고랑을 타고 계실까.

사이코 드라마

머리가 아닌 행위로 자신을 만나는 사이코 드라마(psychodrama)의 막이 오른다. 모인 사람들 중에서 자신과 이미지가 비슷한 사람을 찾아 짝을 짓고 동그란 원을 만들어 마주 선다. 한 사람은 거울이라는 사물이 되어 주고, 다른 한 사람은 그 '사람거울'에 자기를 비추기 시작한다.

그녀는 생판 모르는 '사람거울' 앞에서 주뼛거리며 어색하게 손 빗질로 머리를 만진다. 이어서 눈꼬리를 치켜올려 보기도 하고, 손가락으로 콧구멍을 후벼파는 짓도 해본다. 거울사람도 똑같이 따라한다. 짝이 된 '사람거울'은 상대가 하는 대로 오롯이 비춰내느라 정신이 없다. 포크댄스처럼 계속해서 옆 사람이 다음 거울이 되어 새로운 '사람거울'과 마주선다. 또 다른 거울, 다음, 다음, 거울은 계속해서 불어난다. 사람거울마다 그녀를 다르게 투영시키고 통과해 간다.

그녀는 거리에서 외부 사물에 투영된 자신의 모습을 보고 걷는 질긴 습관이 있다. 상가 골목길, 유리창에 비치는 희붐한 실루엣을 흘겨보며 걷는다. 무채색 영사 필름 같은 상점 유리창에 흐리게 또는 진하게 휙휙 지나가는 모습이 마치 유령이 출몰하는 듯 보인다. 그녀는 머릿속 셔터로 찰칵찰칵 순간을 찍어낸다. 그리고는 잘못 찍힌 사진을 골라내면서 표정을 부드럽게 고치고 허리를 곧추세워 보기도 하고 머리를 쓰다듬는 듯한 헛시늉까지 연출한다. 스스로를 계속

인화해 내며 걷는다.

상점들의 통유리 담장은 거대한 수족관이며 그녀는 그 속에서 유영하는 물고기다. 자신을 검열할 수밖에 없음으로 수족관에 갇힌다. 몸을 물에 실어야 헤엄 칠 수 있듯이 열길 물속 같은 사람들의 시선에다 전신을 띄운다. 선명하기 보다는 아련하게 비쳐 보이는 자신의 모습에 반하기도 한다. 그럴 때면 지느러미를 유유히 팔랑거린다. 그러다가도 문득 초라하다는 생각이 제 살 속에서 날카로운 가시가 되어 찔러댈 때면 무성한 사람수풀에 몸을 숨기며 허우적거리기도 한다.

나이 먹을수록 거울 속에 그녀는 불어난다. 처음에는 거울 밖에 있는 그녀가 거울 속에 한 명인 줄 알았다. 그러나 두 명에서 세 명, 빠른 속도로 계속 불어났다. 유리벽 속에 살고 있는 그들을 볼 때마다 마음이 불편하고 피곤하다. 그녀는 침묵하면서 걸어가지만 속으로 낯이 익은 그들과 이야기를 나누기도 한다. 그래서 더이상 나타나지도 따라오지도 말아달라고 부탁한다. 하지만 그들은 배반을 하고 제멋대로 생겨난다.

유리벽이나 '사람거울'은 거대한 화면이다. 외출중인 그녀가 주인공인 드라마는 실시간 생방송으로 진행된다. 마지막 장면으로 CCTV가 있는 엘리베이터 문이 닫히고 그녀가 피로에 지친 얼굴로 현관문을 열고 집안에 들어서면 사이코드라마는 끝이 난다. 그리고 자막이 내려온다.

연출자: 타인의 시선

등장인물: 자폐적으로 고정배역만 연기하는 그녀 1, 그녀 2, 그녀 3…….

그런데 가끔 공사 중인 건물 앞에 '외부인 출입 금지' 줄이 매어져 있다. 그 안쪽에 쓰인 유리 조심! 사이코 드라마 습관이 투명하게 의식되는 순간, 나는 비로소 유리벽에서 나올 수 있다.

감꽃 필 무렵

정애는 끼니 쌀을 씻으러 우물로 나오곤 했다. 분풀이 하듯 코를 식식거리며 보리쌀을 씻다가 갑자기 무슨 생각이 드는지 느닷없이 키득키득 웃곤 했다. 나는 그녀가 우물가에 나오는가 싶으면 담장 돌 틈 사이로 몰래 훔쳐보곤 했다.

고향집 담장 너머 골목에 공동우물이 있었다. 마당가에

푸른 이끼를 두른 밑동 굵은 감나무 가지가 담 너머 우물 쪽으로 뻗어있었다. 감꽃이 필 무렵이면 우물가에 동네 아이들이 모여들었다.

감꽃을 줍던 조무래기들은 한참 누이뻘인 그녀의 치마를 들추며 도망을 치고 돌팔매질까지 하며 달아났다. 그럴 때마다 정애는 눈을 가느다랗게 뜨고 히죽히죽 웃으며 바가지로 물을 뿌려 내몰았다. 아이들은 개구리처럼 폴짝폴짝 뛰며 달아났다가 다시 가까이 다가와 놀려댔다. 몸은 어른인데 행동은 반푼이 같은 정애가 몹시 궁금하면서도 막상 마주치면 피했다.

정애는 골목 끝 파란 양철 대문집에서 홀어머니와 살았다. 그녀는 여섯 살 터울의 큰언니뻘이었다. 치렁한 머리에 유난히 불거져 나온 광대뼈 위로 좁다란 콧마루가 올라가 있었는데 좀처럼 찡그린 표정을 짓지 않았다. 웃을 때 뺨에 살포시 우물져 들어가는 보조개가 예뻤다. 마을 어른들은 스무서너 살이 넘은 정애를 보며 "오메, 저 가시네 애기 티를 싹 벗었네." 하며 짝을 지어 줄 때가 되었다고 했다.

감꽃이 지고 풋감을 단 나무는 잎을 넌출지게 드리웠다.

짙은 그늘 속에도 트이는 하늘이 있듯이 어느 해 봄, 정애는 시집을 갔다. 신랑은 한쪽 다리가 온전치 못한데다 노름꾼이었다. 날마다 두들겨 맞다시피 하던 그녀는 견디다 못해 친정으로 돌아왔다. 몸속에 생명을 품고 왔지만 무슨 이유에서인지 아이를 놓쳤다. 그리고 얼마 지나지 않아 젖먹이가 딸린 홀아비 집으로 보내졌지만 쫓겨나다시피 다시 되돌아왔다.

돌아온 정애는 애들이 놀려도 예전처럼 웃지 않았다. 하루 종일 차고 넘치도록 물을 길어 나르기만 했다. 남모르는 눈물을 퍼 올리는지 그녀는 연거푸 길어 올린 두레박질에 뻣뻣해진 팔목을 만지며 고개를 젖혀 우리 집 감나무를 쳐다보곤 했다. 감꽃이 함석 양동이 속으로 떨어져도 건져내지 않고 둥둥 떠 있는 것들을 그대로 머리에 이었다. 허방을 딛는 것 같은 비척걸음 때문에 양동이 물이 출렁거리며 흘러내렸다. 똬리 끈을 앙다문 입은 일그러지고 고개는 자라목처럼 짜그라든 채 한 손은 물동이 손잡이를 잡고 다른 한 손으로는 연신 손사래를 치며 걸었다. 그 모습이 어린 내 눈에는 흐르는 눈물을 훔쳐내는 것처럼 보였다.

정애는 늘 눈물이 새는 그릇이었다. 그녀는 마을 사람들 사이에 이야깃거리였다. 시장통에서 쪼그리고 앉아 두리번거리고 있더라는 사람도 있고, 남자를 따라 여관으로 들어가는 것을 보았다는 사람도 있었다. 그렇게 누군가가 한마디 던져놓으면 바람결에 접붙인 소문이 가지를 치기 시작했다. 사춘기에 접어들던 나는 그 소문에 마음을 빼앗겼다. 무엇이 그녀를 그토록 쑤석이기에 덴가슴에도 아랑곳하지 않고 싸돌아다니며 상처받기를 되풀이하는지. 정애는 사내들로부터 한 입 베어 먹다 버린 풋감 같았다. 그녀의 어머니는 혀를 끌끌 차며 여기서 살아봤자 산귀신이라며 딸이 어디로든 떠나기를 바랐다.

내가 그녀를 마지막 본 것은 학교에서 오 리 길을 걸어 집으로 돌아오던 저녁때였다. 읍내 중앙통 길을 지나 마을 길로 빠지는 삼거리에 다다랐을 때 월남치마를 입고 휘적휘적 걸어오는 사람이 보였다. 정애였다. 흰 다후다 보따리를 누가 채가기라도 할까봐 꼭 붙들고 있었다. 그녀는 고개를 약간 외로 꼬아 비튼 채 먼 산과 나를 슬쩍슬쩍 번갈아 보며 실없이 웃었다. 그러더니 아무 마음도 없어 보이던 그녀가 뒤세운 것도 아닌데 내 뒤를 졸졸 따라왔다.

해질녘, 하얗게 뻗은 길가에는 봄보리가 파랗게 자라나 들녘은 푸른 어스름에 물들고 있었다. 산 아래 방죽에서 흘러든 물이 수로를 따라 재잘거리는 소리에 그녀의 신발 끌리는 소리가 섞여 들려왔다. 나는 무엇엔가 들려있는 여자와 묶이는 것 같은 알 수 없는 두려움에 멀찌감치 간격을 두며 걸었다.

가까이 오면 어떡하지? 뒤돌아 보다 힐끗 맞받은 눈길이 심상치 않다고 느끼던 순간, 그녀는 내게 바짝 따라붙는가 싶더니 품에 안고 있던 보퉁이를 보라는 듯 흙바닥에다 펼쳤다. 펄럭, 펼쳐진 보자기 속에서 누런 감꽃 목걸이와 무명 헝겊으로 겹겹이 감싼 아기베개가 드러났다. 쪼그려 앉은 그녀는 땟국이 흐르는 베개를 손바닥으로 문질렀다. 그녀는 웃음기 걷힌 얼굴로 내 입에서 무슨 말이라도 흘러나오길 바라며 쳐다봤지만 나는 입을 꾹 다문 채 무르춤히 서 있었다. 발개진 그녀의 눈에 눈물이 그렁했는데 그 때 난 눈물도 말이라는 것을 처음 알았다.

헝클어진 머리카락이 얼굴로 가닥가닥 흘러내려와 있던

그녀는 그날, 어디에서 돌아오는 길이었을까. 마을사람들의 웃음가마리를 품고 다니는 여자와의 동행. 말 한마디, 손길 한 번 건넨 적 없는 내 무엇이 미더워 뒤따라왔는지. 그날로 돌아간다 해도 보따리 속 뭉뚱그려진 그녀의 설움을 잠재울 만한 말이 내 안에 있기나 하는지. 이 세상에서 아주 좋은 것이리는 듯 질끈 묶어 품고 다니던 정애 언니의 보따리가 어떤 식으로 주름져 있었는지 나는 지금에서야 구겨진 종이를 펴보듯 들여다본다.

유월, 다닥다닥 피어난 감꽃이 떨어진다. 발에 밟히며 지익- 지익- 소리를 낸다. 실없고 종잡을 수 없는 감꽃 같은 정애 언니의 헤픈 웃음이 눈에 밟힌다.

접촉

열차가 승강장으로 굼뜨게 들어오다 멈춰 선다. 사람들로 빼곡한 퇴근 시간대다. '다음 열차'를 이용하라는 안내 방송을 비집고 들어갔다. 스크린 도어가 닫히고 간신히 탔다는 안도감도 잠시, 몸 한 번 비틀 수 없는 상태에 놓였다.

종로에도 시청역에서도 서는 역마다 사람들로 쟁이고 쟁

여졌다.

"밀지 말아요, 제발…."

어디선가 여자의 목소리가 들렸다. 화를 내는 건지 이해를 구하는 건지 알 수 없는 목소리다. 몸이 인파의 부력으로 둥둥 떠 있는 것 같다. 열차가 쿨렁거릴 때마다 가슴이 남자의 하얀 셔츠에 눌렸다. 옷감 너머로 미지근한 체온이 전해져 왔다. 등마루에서 허리로 허리에서 다리로 닿을락 말락, 또 닿았다. 하얀 셔츠로부터 떨어지려고 등을 곧추세우고 발끝으로 몰리는 체중을 뱃살로 당겨보았다. 소용없다. 팔에 걸고 있던 가방이 사람들 사이로 말려드는 바람에 몸이 휘청거렸다. 발을 옮기려는 순간, 흰 셔츠에 와락 체중이 쏠리고 말았다. 민망하고 난감했다.

서울역을 지난 열차는 거대한 생명체처럼 헐떡이며 한강다리를 지나 용산으로 향했다. 몇 가닥이던 철길이 수십 갈래로 갈려지는 교차점이다. 지금 발밑에는 신경줄 같은 레일이 이리 붙고 저리 붙다 떨어져 나가고 있을 것이다. 일정한 간격을 유지하며 떨어졌다 다시 모여드는 선로처럼 이 공간도 함께 섞이는 교차점일 뿐인데 마치 잘못 든 길에 들어선 사람처럼 필요 이상의 경계심으로 거미줄을 쳐놓고 있는 건 아닌지.

열차는 힘겹게 배밀이를 하더니 환승역 신도림에서 사람들을 토해냈다. 바짝 붙어있던 하얀 셔츠가 내렸다. 그가 출구를 향해 바삐 사라지는 모습이 보인다. 밧줄을 보고 혹시 뱀일지도 모른다는 경계의 늪에 빠져있었다니…. 두 발로 버티던 몸에 힘이 풀렸다.

다시 열차가 출발하자 뒤로 밀려가는 플랫폼 사람들의 얼굴이 급류에 휩쓸리듯 뭉개지고 흐려진다. 도시의 혈관을 달리는 열차에 실려 가는 사람들. 피로와 한숨과 희망으로 가득 차 있는 전철 안은 꿈틀거리는 혈류 같다. 하루를 살아내는 사람들 속에서 나 또한 타인에게 무례를 범하는 것도 같고 해를 입는 것도 같은 두 가닥의 마음이 레일처럼 교차한다.

환승역에서 빈자리가 생겨나자 빠르게 자리가 채워진다. 자리에 앉자 뜨듯한 기운이 느껴진다. 잠깐이나마 나와 방향이 같았던 누군가의 체온이다. 얼마나 많은 우연들로 이어온 온기인가. 어떤 몸이 닿아도 밀어내거나 내치지 않은 의자가 막연한 적대감으로 무장된 나를 차분하게 주저앉힌다. 만원 지하철이라는 분명한 알리바이가 있음에도 접촉으로 몸 둘 바를 모르는 난 언제쯤 천연스레 무덤덤해질까.

지상에서 지하로, 다시 지하에서 지상으로 경계를 넘나드는 열차는 쿠궁 쿠궁…. 무언가와 접촉하는지 규칙적인 소리를 내며 무심히 달리고 있다.

빅브라더

삼촌은 유도선수였다. 헌병대 출신에다 체격도 좋고 건장했다. 이웃마을에서도 모르는 사람이 없었다. 삼촌이 고등학교 다닐 때 선생님들은 학생들이 자신들보다 삼촌 말을 더 잘 듣는다 하여 등교시간 규율부장으로 교문에 세웠다. 삼촌이 교문을 지키면 아이들이 설설 기었다.

그런 삼촌은 교도관이 되었다. 교도소는 읍내 중앙로를 벗어나 마을로 접어드는 삼거리에 있었다. 죄수들을 다루고 감옥을 자유롭게 출입하는 삼촌이 괜스레 두려웠다. 우리 집은 내가 중학교를 다닐 때까지 삼대가 한집에 살았다. 어머니는 섬에서 근무하는 아버지께 오가며 두 집 살림을 했다. 대신 삼촌이 조카들의 보호자 역할을 했다. 언니들과 오빠는 삼촌을 무서워했지만 나는 달랐다.

집에서 가까운 초등학교에 다니다 읍내 중학교를 가니 친구가 많이 생겼다. 먹을거리와 구경거리도 많았다. 아이들은 학교가 파하면 교문 앞 구멍가게로 몰려갔다. 바삭한 도넛과 튀김 맛이 더없이 좋았다. 무엇보다 덮개를 씌운 껌볼 머신 한 대가 있었는데 동전을 넣고 손잡이를 힘껏 돌리면 반투명 플라스틱 공이 굴러 나왔다. 나는 풍선껌보다 반지나 목걸이 같은 장신구가 나오기를 바라며 정신이 팔려 해가 지는 줄 몰랐다.

어느 날, 어둑한 시간 마당에 들어섰는데 집안 분위기가 심상치 않았다. 마루 앞 댓돌 위에 삼촌의 구두가 놓여 있었다. 나를 본 작은언니는 말없이 부엌으로 들어가 버렸다.

방문을 열고 들어서자 삼촌의 얼굴이 딱딱하게 굳어 있었다. 순간 나는 시키지도 않았는데 바닥에 꿇어앉았다. 삼촌은 대뜸 "이것이 성적이냐?" 중간고사 통지표를 들이대었다. 두 살 터울의 언니가 학부형 확인란에 도장을 받으면서 서랍 깊숙이 숨겨놓은 내 성적표가 들통이 난 것이었다. 삼촌은 군것질하며 놀기를 좋아해 성적이 오르지 않는다며 호통을 쳤다. "니도 낯짝이 있으면 말해 봐라." 재차 물었지만 나는 방바닥만 내려다보았다.

'깜방'이라고 불리던 교도소는 가시철조망을 두른 높은 담장이 사방으로 둘러져 있었다. 담장에는 '법질서 확립' '도덕성 함양'이라는 글씨가 벌겋게 적혀 있어 위압적이었다. 높게 솟은 원형의 관망대에는 거인의 콧구멍처럼 창문이 뚫려 있었는데 석양빛을 받을 때면 유리창이 감시자의 눈처럼 번득였다. 교도소 앞길을 지날 때면 혹시 삼촌이 내려다보고 있을지 모른다는 생각에 잦은걸음을 쳤다. 내가 보지 못하는 곳에서 누군가 나를 지켜보고 있다는 것이 더 불안하게 했다. 걸음을 옮길 때마다 몇 번이고 감시탑을 쳐다보며 얼마나 멀리 왔는지 확인했다.

주전부리 버릇을 버리지 못한 나에게 교도소 삼거리는 장애물넘기였다. 그런데다 밤낮으로 교대 근무를 하던 삼촌의 퇴근시간은 예측할 수 없었다. 삼촌은 저녁밥상에 둘러앉은 조카들을 점호하듯 둘러보곤 했다. 도넛과 튀김을 사먹은 날은 밥 먹기가 고역이었다. 여느 때처럼 삼촌이 눈치 채지 못하도록 부지런히 숟가락질을 하려고 해도 뱃속에서 받아주질 않던 어느 날이었다. 삼촌의 부리부리한 눈이 내 쪽으로 쏠리는가 싶을 때 "창시는 못 속여!" 회초리처럼 날카로운 목소리가 날아들었다. 식구들은 나를 향한 말인 줄 알고 못 들은 척 숟가락질만 할 뿐이었다. 삼촌의 꾸짖음에 대꾸할 염치도 없으면서 뉘우침보다는 오히려 반발심이 치밀었다. 가만있어도 혼나고 벌 받는 것 같은 기분에 사로잡힌 나는 조카들을 빅브라더처럼 감시하는 삼촌이 발령을 받아 멀리 떠나버렸으면 했다.

정작 집을 떠난 건 나였다. 중학교를 졸업하고 고등학교를 타지로 진학했다. 자연스럽게 객지에 나온 나는 허물을 벗고 나온 나비처럼 홀가분했다. 그 누구에게도 간섭받지 않는 자유로움이 좋았다. 자율학습 시간에 땡땡이치고 시내를 쏘다녔다. 사복을 입고 미팅을 나가기도 했다. 그럴 때면 삼촌의 얼굴과 교도소 담장에 적힌 구호가 따라왔다. 해방을 느끼기보다는 조금 더 넓은 감옥으로 옮겨 온 것 같았다.

얼마 전, 친척 결혼식장에서 삼촌을 뵈었다. 점잖고 위엄 있는 풍채는 그대로였다. 대화보다는 침묵과 그저 가만히 고개를 끄덕이던 삼촌이 목소리를 가다듬더니 "조카들아, 내가 느그들 어릴 때 엄하게 해서 미안하다."며 마음안의 무엇인가를 밀어내듯 말씀하셨다. 순간, 삼촌과 주고받은 눈빛에서 뜨거운 것이 차올랐다. 서로 오랜만에 마주하며 그동안 얼마나 세월이 흘렀는지 그리고 지나온 옛날은 또 얼마나 멀어졌는지 가늠하는 귀한 자리였다.

집안 어른이면 누구나 훈육할 수 있다지만 누가 매를 드느냐에 따라 받아들이는 농도가 달랐던 것 같다. 돌이켜보면 부모가 든 매가 아니었기에 지나치다고 여겼던 마음이 컸다. 자식을 기르면서 내 마음에도 빅브라더가 자리 잡고 있다는 것을 알았고 조카들을 훈육해야 했던 삼촌의 마음이 헤아려졌다. 삼촌은 한때 나를 스스로 검열하게 만든 사람이었지만 어쩌면 자신 또한 원칙이라는 신념에 스스로 갇혀 있었던 것은 아니었을까.

얼마 전 삼촌이 다니던 교도소가 TV 예능프로에 나왔다. 교도소가 다른 곳으로 이전하면서 흉물로 남을 뻔한 건물이 영화와 드라마 촬영 명소로 변했다. 잔디밭이 평화롭게 보였다. 화면에 비치는 원형의 감시탑은 허름했고 낡은 담벼락에 적힌 법질서 확립, 도덕성 함양이라는 표어도 엉성해 보였다. 감방 철창 안에서 연예인들이 자유롭게 춤을 추고 게임을 하며 환하게 웃고 있었다. 감옥은 더이상 감옥이 아니었고 삼촌도 빅브라더가 아닌 따뜻한 작은아버지였다.

---

1) 빅브라더(Big Brother): 조지 오웰의 소설 《1984년》에 나오는 용어로 보호 감시를 통해 사람들을 통제하는 권력을 뜻한다.

3부

긍정하지 못했던 에로스

벌떡주

곁눈질로 쳐다본 그것은 민망하기 짝이 없었다. 눈만 마주쳐도 덜컥 애가 들어설 것 같은 그것을 보자마자 나는 깜짝 놀랐다. 하지만 괜한 내숭일 뿐 쓴 표정을 지으면서도 자력에 끌리듯 눈길이 가 닿고야 만다.

마시면 벌떡 일어선다 하여 붙여진 이름 벌떡주. 천연덕

스러운 저 물상은 욕망의 표절일까. 생김새도 거뭇한 살빛도 꼿꼿하게 곧추선 남자의 성기 모양이다. 병뚜껑에는 만면에 웃음 띤 남자 얼굴이 새겨져 있는데 그 어떤 욕정도 넘어선 무구한 표정이다.

문학기행 차 전주 한옥마을에 갔다. 전통마을이라는 것을 말해주듯 여러 가지 술을 팔고 있었는데 나는 생각지도 못한 곳에서 명백한 내 안의 리비도와 맞닥뜨렸다. 긍정하지 못했던 에로스의 병정들, 그 술병들이 불온한 졸병처럼 진군해 들어왔다. "나는 소망한다, 내게 금지된 것"들로부터 도망칠 수 없게 했다. 진열대에 일렬횡대로 도열한 그 물상을 바라볼수록 점점 점령되는 것 같았다. 그것들이 시치미를 떼고 잠복해 있던 속내를 흔들어 깨웠다.

은근히 뒤끝 남기는 그 물상과 영락없는 것이 집 근처에도 포진해 있다. 왁자한 술집들로 즐비한 먹자골목을 지나가다 보면 풍선 간판들이 한껏 부풀어 있다. 한낮에는 죽은 듯 주름 잡혀 있다가 밤이 되면 꼿꼿이 일어선다. 닭갈비, 연탄집, 꼼장어, 갖가지 안주를 들이대며 한잔하고 가라고 길을 막는다. 형형색색 불 밝히고 거리를 점령한 채 누구를 범하려는지 들숨으로 힘겨루기하고 있다. 마셔라, 취하라 부추긴다. 초저녁을 지나 절정으로 치닫는 시간대에 북적이는 행인들 속에서 솟았다 아침이면 고무통에 쪼그라져 있는 풍선 간판들은 간밤에 자신들이 꼬드겨서 벌어진 온갖 일들을 모른 체하며 잠들어 있다.

금지된 것은 저렇게 벌거벗고 오는 것인가. 저 욕망은 무슨 생각으로 혁대를 풀고 나와 가출한 것인지. 발기된 남근 모형은 금방이라도 짜릿함을 즐길 수 있는 만반의 준비가 되어있다. 벌건 대낮에 노골적이라는 생각이 들면서도 숨겨야 할 아무런 이유가 없는 자연현상으로 보였다. 그 걸작들이 휘파람 불듯 사람들을 가게 앞으로 불러 세웠다. 어떤 중씰한 사내는 흐뭇한 미소를 지으며 어디다 쓰려는지 값을 치르고 있었다. 유난히 사람들이 몰려있는 가게에는 손님도 구경꾼도 술맛보다는 벌떡주 뚜껑에 입맛을 다셨다. 벌떡주는 제 이름값을 오래 유지하는 비결을 몸으로 보여주고 있었다.

발기는 세상에다 세우고 싶은 자존심일까. 생존경쟁에서 죽어도 죽이고 싶지 않는 자존심이 쪼그라들 때 어느 시인의 말처럼 "시든 좆 같은 세상" 한순간이라도 벌떡 들었다 놓고 싶은 지렛대인지도 모른다. 일이 뜻대로 풀리지 않을 때, 삶의 피로로 의욕이 감퇴될 때, 존재감이 없어질수록 더 찾게 되는 술이 벌떡주가 아닐까.

이태백이 살아난다면 거침없이 노출하고 있는 벌떡주를 무어라 했을까. 술잔 앞에 두고 쓸쓸하게 대하지 마라 할까. 아무 생각 말고 그냥 한 잔 들라고 할까. 술잔 놓고 심각하면 못 쓴다고 할까. 아니면 한잔 술로 만고의 시름을 쏟아버리라고 할까. 금기가 아니면서도 금기처럼 존재하는 물상을 사람들은 자연스럽고 유쾌하게 바라봤다. 난 감추기에 급급한 성性으로부터 얼마나 가볍고 단순해져야 할까.

점점 어두워져 가는 태조로의 가을 저녁, 일행들과 한 잔 또 한 잔 권하며 벌떡주 잔을 웃음소리로 채웠다. 우리는 술과 사랑 이야기를 넘나들며 한 얘기 또 하고, 한 얘기 또 하며 전통마을 저녁노을처럼 붉게 물들어갔다.

거시기와 머시기

전라도 끄트머리 섬에서 신도시로 이사를 왔을 때 실감나게 한 것은 높은 전셋값 다음으로 세련된 말씨였다. 버스 뒷자리에서 들리는 나긋나긋한 목소리는 굳이 뒤돌아보지 않아도 생긋이 웃는 듯하고 겪어보지 않아도 틀림없이 상냥할 것 같았다. 그에 비해 내 말씨는 툭툭 내뱉는 것 같고

촌티가 나고 왠지 사람들에게 우습게 보일 것 같았다. 아니나 다를까, '멀쩡하게 생긴 사람이 왜 사투리를 쓰나?'는 등 소소하게 겪어야 했던 불쾌하고 떨떠름한 기분은 갈수록 버리고 싶은 말이 되었다.

내 말투에 특정 부분만 성형을 한다면 우아한 말씨로 변신될 것 같았다. 그래서 높낮이가 별로 없이 늘여 빼는 듯한 '~잉' '~야' 대신 말끝을 말아서 경쾌하게 올려 보기로 했다. '…했었니, …하구요' 나는 줏대 없이 그 깜찍한 발음에 쉽게 동화되어 갔다. 하지만 감추기 위한 시효는 오래 가지 못했다. 첫 만남에서는 고무줄 땅기는 듯한 긴장으로 표준말을 의식하며 쓰다가 얼마 못 가 본색이 드러나고 말았다. 마치 몸속에 사투리 유전자가 있기라도 하듯이 시도 때도 없이 불거져 나왔다.

어머니 심장 소리 다음으로 들었을 본토말은 감추기 어렵다. 엄마 품에서 젖을 먹으며 울림소리로 듣고 할머니 · 고모 · 삼촌 · 형제들 그리고 소꿉친구들과 자불자불 주고받았던 사전에도 없는 무수한 입말들은 내가 숨을 쉬듯 담고 뱉어내는 공기나 다름없다.

지금도 무시로 쓰는 말이 '아따'이다. 아따는 속상하고 짜증스러울 때, 민망할 때나 뭔가 사정할 때, 그리고 아들 녀석이 못마땅해서 타박할 때는 '홧따' 하고 된소리로 최대한 짧게 소리친다. 그것도 성에 차지 않으면 어머니한테 물려받은 그대로 이마를 찌푸리며 혀끝을 차서 화를 털어낸다. 또 대견스러울 때 '아잇따아!' 하고 보듬아 주면 징하게 좋아한다. 이보다 더 개운한 맛을 대신할 수 있는 단어는 내 안에 없다.

많은 말을 한마디 진액으로 뽑아낸 '아따'는 그 소리가 얼마나 길고 짧으냐에 따라 감정의 무게가 다르게 실린다. 채 올리거나 툭 자르거나 길게 미끄러지듯 자유자재로 써도 된다. 쓰임새가 두리뭉실한 '아따'는 말머리나 꼬리에 붙여도 되고 말 중간에 끼워 넣어도 통한다. 압축된 이 한마디로 상대방의 기분까지 짐작할 수 있다.

요즘은 작은 모임만 나가도 전국을 만난다. 오고가는 말들에서 삶의 질감이 느껴진다. 닝닝하기도 하고 다디달기도 하고 짜디짠 말 중에 고향 사투리는 간이 딱 맞아 귀와 입에 착 '앵겨' 붙는다. 내가 살던 곳에서는 감정을 절제하는 것이

미덕이 아니다. '오~메 겁나게 좋은거이~ㅇ.'처럼 수더분한 말끝마다 묻어나는 잉 소리에 정이 넘어가 분다. 듣는 사람이 부담스러울 수도 있지만 '잉' 속에 한 짐도 넘게 실린 숨은 속내와 섬세한 감정의 한계는 어디까지일까.

지금도 아버지는 수도꼭지가 있는 곳을 '시암'이라고 한다. 시암이라는 한마디에는 기억의 알맹이들이 다글거린다. 샘가를 둘러싸고 피어나던 맨드라미 꽃벼슬과 쌀뜨물이 튀어 히끗한 봉숭아 이파리들, 물비린내와 양은 세숫대야 긁히는 소리, 얼근 도구통과 흩어진 밥풀떼기…. 그리고 엄마에게 뭔가를 조르며 얼쩡대다가 바가지 물세례를 받곤 했던 아찔한 기억까지. 말에서 배어나오는 사연들은 풍경과 동시에 포개져 아무도 모르는 나만의 이미지로 떠오른다.

때로는 대접을 못 받는 사투리지만 내가 가장 자연스러울 때가 사투리를 쓸 때다. 그래서 그냥 나를 편안하게 놔두기로 했다. 일상에서 보대끼고 폭폭할 때 맬갑시 설움이 뭉쳐오를 때 몸에서 나오는 몸말로 토해내야 워너니 낫고 마음의 오금이 펴지는 것을 어떡하랴. 거기다 듣는 이의 맞장구가 있으면 사투리는 더 이상 입속에 갇혀 있기를 거부한다.

혓바닥에서 슬금슬금 살아난다. 어떤 말도 이에 깨물리거나 혀에 걸려 넘어지지 않는다. 스스로도 예측 불가능하고 고리탑탑한 본토말이 나올 때면 오지기만 하다.

"아 거시기 뭐냐…. 아따 그… 머시기 있잖애."

팔다리가 전혀 없는, 굳이 설명 없어도 짐작되고 남는 거시기와 머시기(Anything&Something)는 이심전심의 경지이다.

줄

아파트 외벽 도색 작업이 한창이다. 외출했다 돌아왔을 때 마침 우리 집 9층 베란다 창밖에서 줄이 팽팽하게 흔들리고 있었다. 조그만 나무받침대에 의지해 한 발짝 한 발짝 옮기며 작업을 하고 있었다. 나는 베란다로 다가가 유리창을 두드리며 도색 작업을 하는 그에게 무언극처럼 몸짓과 표정으로 음료수를 들어보였다. 그가 웃으며 고개를 끄덕이더니 발끝 디딜 곳 없는 외벽에 힘을 주고 멈췄다. 그의 얼굴은 땀방울로 범벅이 되어 있었다. 유리창이 되쏘는 빛 때문에 눈이 따갑고 날씨마저 더워 작업이 힘들다고 했다. 숨을 쉬는데도 이마와 목에 맺힌 땀이 흘러내렸다.

"무섭지 않으세요?"

"뭐가 무섭다요, 먹고사는 것이 무섭지요."

우문에 현답이 되돌아왔다. 허공에 몸을 매달고 벼랑 같은 벽을 마주하며 흔들리는 외줄이 그의 밥줄이다.

오늘도 백화점과 대형마트로 통하는 길목에 할머니가 앉아 있다. 푸성귀를 직접 길러와 길바닥에 벌려 놓은 좌판이다. 사람들은 바닥을 본체만체 지나간다. 노인은 쭈그려 앉아 하염없이 고구마 순을 벗기며 길바닥 세상만 바라보고 있다. 무심한 발길에 푸성귀들이 시들어 가고 있다.

해질 무렵이면 노인은 고단한 시간을 떨이하느라 부산해진다. 투박한 손으로 듬뿍듬뿍 덤을 얹어 준다. 나는 울퉁불퉁한 호박과 고구마 줄기 한 바구니를 집어 들었다.

"다 눈으로 먼저 먹고 사 가는데, 못생긴 호박을 골라가는 이는 아줌마뿐이여."

말을 할 때마다 이 빠진 입술이 오물거린다. 노인은 허리춤에 차고 있던 비닐봉지를 뚝 떼 내더니 두어 번의 손놀림으로 고구마 줄기 덤을 얹어 주면서 나를 힐끗 쳐다본다.

"봤슈? 내가 더 주는 거?"

"예…. 봤어요 할머니."

지갑을 열고 지폐를 꺼내는 사이, 서로 놓치지 말아야 할 순간을 눈맞춤으로 주고받는다. 봉지에 담긴 시간은 무릇 얼마일까. 품삯 셈할 줄 모르는 등 굽은 노인의 질긴 시간을 덤으로 받았다. 한 줌 더 쥐여주려는 마음은 값을 매길 수 없는 인정의 끈이라는 생각이 든다.

아파트단지를 벗어나면 바로 상가밀집 골목과 이어진다. 20년 가까이 지나다니는 거리에는 수많은 간판이 모여 산다. 멀쩡한 실내 장식 걷어내고 업종이 계속 바뀐다. 몇 달 사이에 새로 생긴 가게들로 넘쳐난다. 무심히 지나치는데 작년에 축! 개업, 했던 설렁탕집에 폐업 안내문이 나붙어 있다. 가게 앞을 지나다가 가끔 안을 들여다볼 때면 손님은 보이지 않고 주인 남자만 의자에 앉아 텔레비전을 보고 있곤 했다.

사다리차에 올라 탄 인부들이 설렁탕 간판을 뜯어내고 새 간판을 붙이느라 부산하다. 불황으로 단명한 간판이 폐기물이 되어 트럭으로 옮겨진다. 짧은 생을 산 '설렁탕'이 내려오고 그 자리에 '김밥'이 조심스럽게 올라가고 있다. 한 가게가 문을 닫고, 간판이 사라지고, 건물이 비고, 임대 공지문이 붙으면, 그제야 거기에 뭐가 있었는지 고개를 갸우뚱거리게 된다.

아직 벽에 고정되지 못한 채 매달려 흔들리고 있는 김밥이 희망의 동아줄을 잡고 있다. 줄이 품고 있는 의미가 두텁다.

몸짓풀이

그녀가 무대에 오른다. 꽃대처럼 몸을 꼿꼿이 세우고 한 곳을 응시한다. 갸름한 얼굴과 목선 아래 앙상한 쇄골이 드러난다. 도도하게 내리깐 시선 속에 격정이 감추어 있는 듯 보인다. 바람도 없는데 붉은 치마 끝 레이스 자락이 나풀거린다.

춤이 시작되었다. “아하리아하리 아리아리…” 깐떼 음악이 찢어질 듯 처량하게 흐느낀다. 그녀는 손뼉과 발 구르기로 변칙적인 엇박자를 탄다. 마치 종이 한 장 몸에 바른 것처럼 가벼워 보인다. 스카프를 두른 골반 끝을 끌어 올리고 손목을 비틀며 열 손가락을 감아올리기도 하고, 고통에 찬 듯 몸을 웅크린다. 그녀는 지금 무슨 생각을 하고 있을까. 자식의 죽음이 자신의 탓이라고 믿는 죄의식이 격정으로 몰아가는 걸까. 격렬한 말발굽 소리 끝에 등허리를 젖혔다, 일으켰다.

핑그르르 돌 때마다 몸에 휘감기는 바람이 치맛단 속으로 빨려 들어갔다. 스커트 자락을 어깨까지 걷어 올리자 맨다리가 드러났다. 채근대듯 빨라지는 리듬에 그녀는 숨이 가빠졌고 타오르는 정념의 불꽃을 끝내 끌 수 없다는 듯, 아니 끄지 못한 듯 격렬한 몸 떨기를 했다. 객석에서 탄식이 흘러나왔다. 신들린 무녀 같았다. 어릴 적 너른 마당에서 춤추던 무녀의 모습이 되살아났다.

어둑한 저녁 무렵, 정갈한 쪽머리에 오색 치마를 겹겹이 입은 당의 차림의 무당이 마당에 나타났다. 장대 끝에 달아

놓은 알전구가 마당을 밝히고 있었는데 무당은 귀기를 띠는 하얀 낯빛이었다. 집안에는 음식 냄새가 진동했고 분주하고 조심스럽고 쉬쉬하는 분위기였다. 작은댁 식구들과 동네 친척들이 수군거리며 모여들었다. 누구도 함부로 얼씬댈 수 없는 스산한 분위기였다.

굿마당에는 총각 때 황망하게 죽은 삼촌의 영혼결혼식이 벌어졌다. 볏짚으로 육신을 삼은 한 쌍의 인형이 세워져 있었는데 청실홍실이 칭칭 감겨져 있었다. 손과 발을 쫙 벌리고 있는 지푸라기 인형이 나만 바라보는 같아 무서웠다.

무당은 굿상 앞에서 징을 품고 앉아 지그시 눈을 감고 노래를 구슬프게 부르다가 고개를 뒤로 젖혀 "아하아으어아…" 면 허공으로 알 수 없는 소리를 뱉어내었다.

뎅뎅뎅 데뎅 데뎅…. 밤이 깊도록 묵직한 징소리가 계속되었다. 이야기하는 듯 노래하는 듯 알아들을 수 없는 무당의 소리는 계속되었다. 어린 내가 알아들을 수 없었던 그 사설은 차라리 뒷산 뜸부기나 소쩍새 울음소리보다 더 못한 소리인 것만 같았다. 밤이 깊어지자 무녀는 천천히 몸을 움직여 춤을 추기 시작했다. 발뒤꿈치를 가볍게 들었다 놓았다 반복했다. 팔을 휘돌려 뿌리고 꼬아서 뿌리고 옆으로 감아서 뿌렸다. 혼을 맞으려는 간절한 몸짓 같았다.

무녀는 한 손으로는 짚풀로 만든 넋신을 붙잡고, 다른 한 손으로는 요령을 낭자하게 흔들어가며 춤을 추었다. 춤사위가 격렬해질수록 체머리를 심하게 흔들었다. 저 마른 짚풀 인형은 정말로 삼촌의 넋을 받은 것일까. 삼촌의 짝이 된 짚풀 새색시는 어느 동네 처녀일까. 마음을 빼앗긴 나는 마당 멀찌감치 떨어진 헛간 담장에 붙어 숨죽인 채 지켜보았다.

빨랐다, 느렸다, 무당은 밤새 절을 하고 춤을 췄다. 무녀의 몸은 혼이 빠져나간 빈껍데기처럼 가벼워 보였다. 할머니는 죽은 삼촌을 만났는지 혼령이 쓰인 제웅에다 얼굴을 파묻으며 통곡했다. "이것이 불쌍한 내 새끼란 말이오…." 혼받이 인형을 쓰다듬으며 평소에 할머니답지 않게 억장이 무너지는 소리로 울부짖었다. 굿마당에 모여 있던 사람들도 니 설움, 내 설움 할 것 없이 울었다. 나는 징소리에 지쳐서 잠이 들었다. 다음날 아침 제상에는 밤새 일렁이던 촛불들이 느타리버섯처럼 쓰러져 있었다.

먼저 간 자식의 죽음이 자신의 탓이라고 믿는 자에게 귀신은 찾아오는 것일까. 죽은 자의 설움이 아무리 원통하다 해도 살아 있는 어미의 슬픔만 할까. 굿마당이 죽은 넋을 달래는 무대였다면 그녀의 춤은 살아있는 자기 자신에 대한 제의식이 아닐까.

공연이 끝났다. 무대에서 막 내려온 그녀가 꽃다발을 건네주는 내게 흥분이 채 가시지 않는 얼굴로 속삭이듯 말했다.

"실컷 울고 난 느낌이야."

오, 바틀비

밖은 떠들썩한데 안은 무력하기만 한 봄, 작가 허먼 멜빌의 소설 《필경사 바틀비》가 내게로 왔다. 기묘한 성격의 주인공을 도저히 이해할 수 없었다. 그는 당돌하고 뻔뻔하리만큼 '안 하는 편'을 택하는 사람이다. 거절에 대해 한 치의 두려움도 엿볼 수 없는 바틀비를 만나자 '예스'에 길들여진 나는 무언가가 마음에 콱 박히는 것 같았다. 그리고 기억 하나가 떠올랐다.

어릴 적 어머니는 밥상에서 묻지도 않고 국물에다 밥을 말아주셨다. 어린것에게 많은 것을 허락하면 방향을 잃어버린다고 생각하셨을까. 싫었지만 야단맞고 미움 받을까봐 꾸역꾸역 먹어치웠다. 그때부터 거절에 대한 두려움이 깃들었을까. 씁쓸했던 느낌만은 분명하게 남아있다. 마음은 '아니'라고 하면서 입으로는 '예'라고 말하는 일은 살면서 꾸역꾸역 삼켜야 할 밥이었다.

매일 시간에 맞춰 자고, 일어나고, 학교에 가고, 일터로 가기 위해 지하철에 몸을 싣거나 꽉 막힌 도로로 향하는 사람들. 시간에 맞춰 어김없이 출발하는 기차. 그 모든 것들은 톱니바퀴처럼 맞물려 돌아가야만 살아남는다. 그 대열에서 튕겨져 나오는 것에 대한 두려움은 많은 사람들이 공유하는 감정일 것이다. 이해득실이 뚜렷한 현실에서 반복적으로 '안 하는 편'을 택하는 바틀비의 옹고집을 직면할 때마다 답답하고 가슴 밑바닥을 긁는 소리가 났다. 그렇게 단호할 필요는 없지 않나? 어지간하면 상대의 요구에 응하려 애쓰며 살아온 나는 마음속으로 고용주 대신 수차례 그를 해고했다.

물구나무서듯 살아가는 그는 항상 축 처진 어깨, 시무룩하고 허무한 표정, 그리고 늘 여기가 아닌 다른 곳을 바라보는 듯 먼 시선을 던졌다. 변호사 사무실에 고용된 그가 해야 하는 유일한 일은 서류를 베껴 적는 단조로운 필사 작업이다. 그는 고용주의 명령에 따라 움직여야 함에도, 선택권이 없음에도 불구하고 '하지 않는 편'을 일종의 특권처럼 누린다. 순응을 덕목으로 하는 일터에서 거절을 택하다니. 아니 택할 수 있다니. 놀라웠다. 때로는 살아갈 의지조차 없어 보이는 바틀비가 역설적이게도 내게 물음을 던졌다. 당신이 어떤 사람인지 알고는 살아야 하지 않느냐고?

그가 매사 '하지 않는 편'을 택하는 것이 필연이었던 것처럼 살면서 내게 강요된 선택은 어떤 것들이었을까. 아니 그보다 내가 거절할 수 있었던 것은 무엇이었을까. 생각해보면 입 밖으로 내지 않은 거절은 상처를 남기기도 했다. 하지 않는 것도 선택이라는 것을 깨우치지 못했던 나는 싫어도 싫은 티를 내지 못했다. 거절의 순간이 찾아올 때마다 상대가 언짢을까봐 마음을 속여야 했다. 하지만 남의 비위 맞추려고 하다 보면 내 비위가 더 상하곤 했다.

대체 사람이란 뭘까. 그에 앞서 폭군처럼 요구하고 강요하는 이 세계를 어떻게 견디고 살아야 할까. 내게 엄습해오는 무기력과 우울은 주어가 없는 문장 같다. 가해자와 피해자가 분리되지 않는 우울은 늘 사람을 필요로 했다. 그래서 관계에서 마지못해 부탁을 들어주고 뒤늦게 후회하곤 했다. 어중간하게 대답하고, 명확하게 행동하지 못해 상대를 어리둥절하게 했고, 단호하게 거절하지 못하고, 부탁한 사람을 초조하게 기다리게 했고, 빨리 방향을 정하지 못해 거절이 아니라 거부한 것처럼 상대의 감정을 상하게 했다. 관계에서 부대낄 때마다 누군가를 원망하기 위해 털어놓기 위해 사람을 찾고 만났다.

하고 싶지 않을 때 바틀비를 떠올린다. 안하는 쪽을 선택하는 것도 선택이라는 것이 핵심이다. 바틀비를 통해 마음의 선을 어떻게 그을 것인지는 자기의 몫이라는 걸 깊이 인식하게 되었다. 인식은 그것을 몰랐을 때로 돌아갈 수 없게 만든다. '아니오'는 용기와 배짱이 필요하고 껍질을 벗는 쓰라림도 맛보아야 한다. 그리고 달콤한 '예스'보다 쓰디쓴 '노'를 삼킬 줄 알아야 한다. 사람들 눈에 다소 까칠하고 밥맛없는 사람이 될지라도 이제 어릴 적 수동적으로 받아먹었던 밥상이 아닌, 선택이 걸게 차려진 밥상을 즐겨야 할 때가 아닌가 싶다.

'오, 바틀비여! 오, 인간이여!' 작가 허먼 멜빌이 탄식하듯 말하고 있는 인간의 본성과 연민을 향한 마지막 문장을 되뇌어 본다. 다수에 속하려 들지도 않고 평판에 예민해 하지 않는 바틀비를 만나 나의 모호한 우울의 안개를 조금 걷어 내었다.

먹물을 쏜 여자

"싸모님, 먹물 조심하세요."

갑오징어가 먹물을 쏘자 대야 속 물빛이 시커멓게 변한다. 전통시장 생선가게 아저씨가 계산을 하다 말고 달려가 순식간에 바가지로 먹물에 휩싸인 오징어를 떠낸다.

"아주 환장하겠어요. 저놈들 성질이 더러워서. 시커먼 먹물을 퍼뜨려봤자 제 눈에도 뵈는 게 없을 텐데."

먹물을 쏠까봐 하루 종일 놈들을 주시한다고 했다. 그래도 저렇게 먹물을 뿜어내고 꼬리를 휘젓고 다닌 놈이 싱싱하다며 웃었다.

먹물을 쏘는 건, 오징어나 사람이나 다를 게 없는 것 같다. 어느 날, 문화센터에서 만난 회원의 승용차를 타고 백화점 여성주차장에 들어섰다. 정복을 입은 주차요원이 즉각 달려와 차를 향해 허리를 굽혀 인사를 했다. 나는 그녀를 따라 우수고객만이 이용하는 VIP라운지에 갔다. 출입문은 눈에 잘 띄지 않는 곳에 있었는데 입구부터 아무나 들여보내주지 않겠다는 느낌을 강하게 주었다. 그녀가 카드를 꽂자 비밀의 문처럼 스르륵 열렸다. 실내는 조도 낮은 조명과 안개 속을 헤매는 듯한 모차르트의 클라리넷 곡이 흐르고 있었다. 종업원들은 조용히 움직이고 있었고 드문드문 앉은 사람들은 나지막한 소리로 담소를 나누고 있었다. 모던한 인테리어에서 기품이 느껴졌고 사람들로 북적이는 매장과는 달리 아늑했다.

나는 그녀의 일행이 있는 테이블에 앉게 되었다. 그녀의 지인들은 쇼핑을 하고 지친 몸을 쉬고 있는 중이라고 했다. 엷은 화장에 말끔하게 갖춰 입은 옷차림들이었다. 내가 앉자마자 정장 차림의 종업원이 테이블로 다가왔다. 직원은 무릎을 꿇은 자세로 깍듯하게 "차는 무엇으로 주문해 드릴까요?" 그 상냥함에 이미 내 턱선은 올라가 있었다.

그녀는 차를 마시면서 얼마 전 화장품 매장에서 있었던 일을 무용담처럼 풀어놓기 시작했는데 표정에서 어떤 기대감을 갖게 했다. 이야기하는 사이 유독 나와 눈이 자주 마주쳤는데 그때마다 나는 거들어 주듯 간간히 고개를 끄덕이며 그녀의 이야기에 몰두했다.

그녀가 말하길, 어느 날, 화장품을 구입하고 특별한 사은품을 받았는데 마침 그날 친구가 같은 화장품을 사고 싶다 해서 매장에 동행해 주었다고 했다. 우수고객인 그녀는 매장 직원에게 친구도 자신과 동일한 사은품을 줄 것을 요구했지만 VIP가 아니라는 이유로 거절당했다. 그녀는 거듭 요구를 했고 결국 사은품을 받고 돌아서는데

"에잇, 치사하게 그깟 사은품에 목숨 걸다니…."

등 뒤에서 점원의 목소리가 들려왔다. 그녀는 냅다 돌아

서서 호되게 따지다 분노로 바뀌었다. 웅성웅성 구경꾼들이 몰려들었고 그녀는 자기가 쏜 먹물을 자신이 뒤집어쓴 채 잘잘못을 가리며 소리를 질렀다. 살아있는 갑오징어는 단연 이곳에서 실세였다. 직원은 무릎을 꿇으며 용서를 구했지만 화가 풀리지 않는 그녀는 관리자를 현장으로 불러내, 당장 눈에 보이지 않게 해달라며 당조짐을 했다. 백화점 쪽에서도 직원에게 왜 우수고객 심기를 건드렸냐며 해고 입장을 취했다고 했다.

그녀는 세상 별일도 다 겪었다는 듯 어깨를 으쓱하며 웃어보였다. 웃을 때마다 잡아당기듯 위로 말려 올라간 입매가 도드라졌다. 그 웃음에는 마치 공을 세운 자가 꺼드럭거리며 뽐내는 기운이 돌았다. 같이 웃었다. 웃음으로서 한데 묶이는 줄 알면서도 웃었다. 냉소인지 실소인지 애매한 웃음이 가면처럼 내 얼굴에 달라붙었다.

굳이 직원을 사라지게 할 필요가 있었을까. 싹싹 비는 용서마저도 받아들이지 않은 그녀가 진정으로 원하는 것은 무엇이었을까. 묻고 싶었지만 말을 아꼈다.

갑甲자가 붙은 갑오징어는 일반 오징어보다 몸값이 비싸

다. 귀한 몸을 자랑하듯 성격이 까탈스럽고 급해서 조금만 건드려도 먹물을 쏜다. 먹물 공격은 자신의 몸뚱이도 시커멓게 뒤범벅이 될뿐더러 갈 길마저도 잃어버린다.

무리한 요구를 부려도 나무랄 수 없는 세계에 사는 그녀와 오징어가 자꾸 겹쳐 보였다.

그 이야기 했던가

있잖아, 그러니까 이건 나의 이야기야. 식구들이 한방에서 잠을 잤는데 사흘이 멀다 하고 오줌을 쌌어. 낮에는 나뭇가지로 흙바닥에 그림을 그리며 놀다가 밤이면 이부자리에다 그림을 그렸지. 들로 냇가로 쏘다니던 날엔 곤한 잠에 빠졌어. 그런 날이면 꼭 질펀하게 오줌을 쌌어. 한밤중에 깜짝 놀라 깨어 보면 몸이 축축한 찰흙 덩이 같았어.

얼른 날이 새기만을 기다렸지. 밤은 아직 많이 남아있고 축축한 이불 때문에 다시 잠이 오지 않았어. 엉덩이와 다리, 팔, 베개와 머리까지도 모두 젖어가는 느낌이었어. 꿉꿉한 요에 누워 동생을 바라보면 새근거리며 자는 모습이 그렇게 평화로워 보일 수가 없었어. 어머니도 가늘게 코를 골며 깊이 잠들어있었어. 방안은 태풍 전야처럼 고요했어. 내가 엄마를 부르기 전까지 말이야.

냉기로 몸이 으슬으슬 떨려올 때쯤 "엄마!" 하고 불렀어. 잠결에 벌떡 몸을 일으켜 세운 엄마가

"아이고, 저 호랭이 물어갈 가시나! 다 큰 것이…."

벽력같이 소릴 쳤어. 어머니는 내 등짝을 손바닥으로 철썩철썩 소리 나게 때렸어. 등때기를 세게 얻어맞을 때마다 금이 가는 것 같았어. 어머니는 열두 살이 넘도록 오줌을 못 가리는 버릇을 잡기 위해서라도 매정해야 했을 거야. 잠을 깬 늦둥이 동생은 큰 소리로 울고, 끌끌 할머니의 혀 차는 소리도 들려왔어. 다시는 안 싸겠다고 빌고 싶은 마음이 굴뚝같았지만 자신이 없었지. 빌지 않은 탓에 엄마의 화를

더욱 돋우게 했고 발가벗긴 채 마당으로 쫓겨나곤 했어. 그런데 있잖아, 그 누구도 문밖을 내다보지 않았어. 어두운 마당에서 바라본 새벽별들이 눈물을 글썽이며 나를 내려다보고 있었어. 그런 날은 정말 버림받은 것 같았어.

매일 자는 일이 두려웠어. 저녁나절부터 입안의 침을 모아 마실지언정 절대로 물을 마시지 않았지. 엄마를 화나게 하고 싶지 않았기 때문이야. 육남매 자식에 시누이 시동생 돌보랴, 고된 농사일하랴, 객지에 있는 아버지 살림하랴, 엄마는 늘 쫓기는 사람처럼 바빴어. 숨 돌릴 틈 없는 엄마에게 오줌싸개 딸년은 애물단지일수 밖에 없었어. 엄마를 성가시게 하지 않는 아이로 다시 태어나고 싶었지. 엄마는 자주 집을 비웠어. 아버지가 근무하는 섬에 가셨거든. 엄마는 동생만 데리고 갔어. 얼마나 따라가고 싶었는지 몰라. 할머니한테 나를 맡기고 섬으로 들어간 어머니는 오래도록 오지 않았어.

기다리던 엄마가 오는 날이면 나는 마른식사를 자청했어. 된밥, 말라비틀어진 무말랭이만 먹었어. 목 맺힌 식사였지. 식구들이 빙 둘러앉아 밥을 먹었는데 그 누구도 나의 마른

식사를 말리지 않았어. 오늘 밤만은 절대 싸지 않겠다는 마음만 먹고 또 먹었어. 이마를 짚고 꾸벅거리다 눈꺼풀이 무거워질 때마다 천장을 바라봤어. 선잠으로 잠귀가 엷어진 나는 몸에서 꼬르륵 물 나르는 소리가 들리는 것 같았어. 불안을 가슴에 깔고 엎드린 채 깜빡 잠이 들 때면 물고기 꿈을 꾸곤 했어.

커다란 금붕어가 방구석에 웅크리고 있는 나를 핥기도 하고 뻐금뻐금 연신 물을 먹고 있는 꿈이었어. 방안이 수족관처럼 온통 물속으로 변해 있었어. 물고기가 지느러미를 흔들며 헤엄치는 모습이 얼마나 황홀했던지. 수족관이 깨졌나? 어느 순간 바다였어. 나는 해안을 향해 달려오는 바닷물 속에 몸을 담근 물고기가 되어 있었지. 물고기는 아가미를 열었다 닫았다 한없이 물을 마셨어. 나도 물을 마시지 않으면 죽을 것 같았어. 허우적거리다 파도를 뚫고 나오는가 싶을 때 화들짝 깨어났어. 물고기 꿈을 꾸는 밤이면 여지없이 이불을 적시고 말았지. 그럴 때면 엄마 몰래 동생을 끌어다 자리바꿈을 하고 싶었지. 아침이면 바지랑대로 받쳐 놓은 빨랫줄에는 오줌 자국이 마르고 있었어.

중학교 다닐 때도 가끔 이불을 적셨거든. 잠결에 저지르는 일을 어찌 알겠어. 자는 동안 내 몸은 쉬지 않고 열심히 일했을 뿐인데.

냇가에 가면 길쭉한 자홍빛 노루오줌 꽃을 흔히 볼 수 있었는데 누군가 오줌꽃이다! 하고 꽃 이름을 대면 내 별명을 부르는 것 같았지. 아이들은 오줌풀꽃 옆을 지날 때면 지린내가 난다며 코를 막았어. 오줌이라는 말이 들어간 풀과 나무가 내 이름을 지었다면 뭐라고 불렀을까.

지금도 형제들 사이에 오줌싸개라는 별명이 남아있어. 쫓겨난 새벽 마당에서 별 본 일 없었던 것보다 별 본 일 있었던 사실로부터 자유롭진 않아. 엄마가 서랍을 속에서 뽀송뽀송한 마른 옷을 꺼내 주기만을 간절히 기다렸던 밤들이 가끔 떠올라. 기억은 가는 게 아니고 자꾸 마렵 듯 오는 것 같아. 이제 내 안의 늦된 아이에게 말해주고 싶어. 이건 너만이 겪은 일이 아니라고. 그러니까 너는 다시 태어날 필요 없다고 말이야.

살판, 죽을 판

사방이 벼랑 끝이다. 흰 바지저고리를 입은 어름사니가 부채를 들고 풀쩍 외줄로 오른다. 자칫하면 날개 없이 추락하고 마는 육체놀이라서 더 아찔하다. 손에 쥔 부채가 허공의 난간이 되어주는가. 균형을 잡게 해주는 부채가 망망대해 돛대처럼 보인다.

봄날 민속마을 놀이마당에 관객들이 모여 앉았다. 하늘은 구름 한 점 없이 투명하다. 외줄 밑에서 덩 덩덩 덩따…. 장구장단이 흥을 돋운다. 어름사니는 태평하게 재담을 곁들이며 문지방을 넘나들듯 종종걸음을 치고 책상다리로 훌떡 훌떡 뜀을 한다. 무릎을 꿇고 쭉쭉 나가다 홱 돌아서서 제비물 차듯 튀어 오른다. 발을 헛딛는 시늉을 하며 가랑이 사이로 줄을 넣고 풀썩 주저앉았다 용수철처럼 튕겨 오른다. 관객들의 탄성이 터져 나온다. 어름사니가 몸을 노댈 때마다 가슴이 철렁 내려앉는다. 한 치의 헛발질도 허락되지 않는 줄타기는 온몸이 신경세포 덩어리여야 가능한 일이지 싶다.

깃털처럼 가볍게 부유하던 그가 눈을 가늘게 뜨고 먼 산을 바라본다. 우주와 호흡하듯 숨을 가다듬더니 머리에 둥근 똬리를 괴고 항아리를 이었다. 마치 인생의 미로와 풍랑을 동시에 건너듯 주춤주춤 걸음을 떼기 시작했다. 그가 중심을 잃고 좌우로 휘청거리던 그때 숨죽이고 있던 관중 속에서 어, 어어, 하는 소리가 들렸던가. 그만 물동이가 바닥으로 곤두박질쳤다. 너무 낯선 광경이어서 나는 눈을 끔벅였다. 착시가 아니었다. 그는 잽싸게 줄을 잡고 퍼덕이는 새처럼 매달려 있었다. 어름사니는 줄을 붙들고 관객들은 침묵을 붙들었다.

무엇에 홀리어 정신줄을 놓았던 것일까. 한줄기 바람에 걸려 넘어진 걸까. 살기 품은 햇빛이라도 달려든 걸까. 아니면 민속촌 울타리 바깥세상이 보고 싶었던 걸까. 어떤 마음이 엉키어 떨어진 걸까. 나는 차라리 그가 한 마리 새였으면 했다. 앉아 있던 나뭇가지 따위는 가볍게 차버리고 포르르 날아가는 자유로운 새. 허공을 걷는 일이 생의 전부인 줄꾼은 벼랑인 줄 알면서도 뛰어들 수밖에 없는 한 마리 새 같았다. 추락한 옹기그릇이 파삭 깨지며 지르던 외마디 비명은 땅속으로 스며들었고 장구장단도 멈췄다.

그는 X자형 작수대 끝에 가 섰다. 컴컴하게 쳐들어오는 낭패스러움을 훔쳐내고 있는 것인지 연신 수건으로 땀을 닦아냈다. 쳐다보는 눈이 하나라도 줄어야 땀이 식을 것 같아 그 모습을 외면하고 싶었다. 한 치의 실수도 허락되지 않는 외줄에서 머리가 희끗한 줄꾼은 막힌 길에 선 사람처럼 한참을 서 있었다.

그는 낭패감을 떨쳐냈다는 듯 합죽선을 폈다. 조금 전까지 낙낙하고 여유롭게 보이던 얼굴이 해쓱하다. 다시 깃털처럼 가볍게 창공을 부유한다. 그는 뼛속까지 비워 가볍게 나는 새처럼 허공을 날았다. 숨죽이던 사람들에게서 뜨거운 박수가 나왔다. 숙련된다는 건 쓸데없는 분심을 떨쳐낼 수 있다는 의미이기도 하다. 실수를 하는 것보다 실수를 넘어서는 일이 더 중요하다는 듯 늡늡한 몸짓과 재담으로 관객들의 박수를 유도했다. 피눈물로 태어난다는 줄꾼에게 외줄은 잘하면 살판이요, 못하면 죽을 판이라 한다. 얼마나 많은 실수를 쌓아올린 후, 줄에 올랐을까. 하늘이 알고 줄이 알고 그의 몸이 아는 줄꾼을 신의 세계에 갔다 온 사람이라는 뜻의 '사니'라고 부른다. 보통 사람들에겐 감히 땅띔도 할 수 없는 세계다.

산다는 건 어름사니 보행처럼 균형을 잡아가는 일이다. 어쩌면 위태로운 외줄에 발을 들여놓은 사람은 관중들이지 않았을까. 어제와 오늘이 크게 다르지 않는 평화로운 중에도 예측불허의 일이 생긴다. 언제 중심을 잃을지 모르는 삶이라는 놀이마당. 떨어졌다고 다시 올라타지 않을 수 없다. 먹고사는 일과 얽혀 있는 줄은 누군가에게 오로지 가야 하는 길이기도 하고 누군가에게는 붙잡아야 할 끄나풀이기도 할 것이다. 그렇기에 관중석에서 뜨거운 박수가 터져 나왔는지 모른다.

땅으로 내려온 어름사니가 벗어놓은 고무신을 꿰어 신었다. 구경꾼들이 줄에서 내려오는 어름사니를 응원의 박수로 맞았다. 화답하는 그의 미소는 따스하면서도 쓸쓸해 보였다. 줄 한 가닥이 생애이고 생계이다.

4부

생의
주름살 같은
계단

발자국

오랜만에 딸네 집에 오신 아버지는 이틀 밤을 주무시고 가실 채비를 하신다. 집짐승의 끼니를 걱정하며 싸락싸락 눈이 내리는 길을 나섰다.

이별의 아쉬움이 흐르는 터미널 가는 길, 도시 한복판이 꽁꽁 얼어붙으며 추위에 떨고 있었다.

차표 시간을 놓칠세라 조바심이 난 아버지 대신 나는 공원 샛길을 무질러 앞장을 섰다. 미끄러운 길, 몇 번이고 뒤돌아보아도 그 자리에 그대로 계신 것만 같은 아버지가 잦은걸음을 치며 “미끄런디, 어여가.” 하며 숨차게 뒤따라오신다. 몇 해 전 혼자되신 아버지와 눈물짓지 않고는 헤어질 수 없는 이별을 앞에 두고 서로 말수가 줄어들고 시선은 숨기듯 비스듬히 떨군다.

나는 애써 태연한 척 그렇게 아버지가 탄 고속버스가 보이지 않을 때까지 눈바라기를 하다가 돌아섰다. 막술 냄새가 애잔하게 풍기는 아버지는 남도 제암산 자락 아래 집짐승의 밥을 먹이는 시간 속으로 한종일 내려가실 것이다.

아버지가 그리 재촉하시던 그 길을 되짚어 돌아오는데 눈길에 아버지의 구두 모양이 옴팍하게 파묻혀 있다. 그 발자국에 내 발을 가만히 포개어 본다. 거푸집 같은 깊이에 저물녘 들길의 고독이 깃들어 있다. 한 세월을 힘겹게 이끌어온 발자국들이 추수 끝난 빈 논의 벼 밑동처럼 하늘바라기를 하고 있다.

나는 별 생각 없이 아버지가 벗어놓은 발자국을 거꾸로

꿰어 신고 돌아오다 문득, 뒤돌아섰다. 그리곤 마음속에 돋아난 슬픔의 밑동을 발걸레질하듯 스적스적 지워 나갔다. 쉽게 녹지 않을 흰 그늘 아래 아버지를 세워 놓은 것만 같아서.

눈송이들이 마치 내게 하고 싶은 말이라도 있다는 듯 내려 쌓인다. 발로 문지르면 없어질 줄 알았던 사소한 마음이 나풀거리는 눈발과 함께 어지럽다. 길바닥에 버려진 발자국들은 뭉개지고 흥건해져 어디로 가는 것일까.

헐렁해진 나목들이 마른 수액을 힘겹게 빨아올리고 있는 한겨울. 은빛 실루엣을 두껍게 걸친 소나무에서 커다란 말씀 하나가 철퍼덕, 떨어진다.

"아부지는 괜찮하다."

돈의 민낯

설거지를 하다 고무장갑을 낀 채로 TV 앞으로 다가선다. 식당 종업원인 김 씨가 국내 복권 발행 사상 최고의 복금에 당첨됐다는 뉴스다. 일순간 벼락부자가 된 그는 어떤 기분일까. 흐릿한 모자이크 화면 속 행운의 주인공은 꿈을 꾸는 것 같다고 말한다. 순간, 흐릿한 모자이크 화면의 의미가 횡재 뒤에 따라올 화를 예감하는 것 같다. 복권에 당첨된 사람들은 갑자기 거머쥔 많은 돈을 어디에 사용할까.

미국의 한 신문사에서 복권으로 거금을 손아귀에 쥔 사람들을 취재한 결과, 절반 이상이 부의 상징이 되어버린 자동차를 바꾸었고, 집을 새로 장만했으며 심지어 배우자까지 바꾼 것으로 나타났다. 돈을 어디에 어떻게 사용하느냐에 따라 행운과 불행이 따르는 것 같다.

남편은 어릴 때 부모를 잃었다. 중학교 다닐 때부터 큰형님 댁에서 지냈다. 남편은 군대 월급부터 푼푼이 모은 돈과 직장을 갖게 되면서 받은 월급을 부모나 다름없는 형수에게 맡겼다. 장기 저축이었기 때문에 결혼 후에도 개미 금탑 모으듯 형수에게 꼬박꼬박 보냈다. 당시 형수는 보험 설계사 일을 하고 있었기 때문에 보험회사에 저축을 하는 셈이었다. 알을 품고 있는 암탉처럼 목돈도 통장에 얌전히 갇혀 있을 거라 믿었다.

십여 년이 지났다. 드디어, 지루하고 더디기만 하던 적금 만기일이 다가왔다. 남편과 나는 형수가 다니는 보험사에 직접 찾아가 조회를 했다. 그런데 아니, 어떻게 이럴 수가!

그동안 부은 적금이 문제가 아니었다. 남편의 신용을 담보로 대출까지 받아썼던 것이다. 다음 달 월급부터 차압이 붙여질 긴박한 상황을 까맣게 모르고 있었던 우리는 우선 은행 빚부터 갚아야 할 빚쟁이 신세가 되었다.

계획을 세워 힘들게 모은 돈인 줄 누구보다도 가까이에서 지켜보았을 형수에게 우린 어떤 고객이었을까. 남편은 형님댁에 대한 마음의 빚을 물질으로나마 대신했다는 가벼움일까. 뒷말이 없었다. 하지만 나는 불쑥불쑥 뭉칫돈이 눈앞에 어른거릴 때면 오만 가지 생각에 분통이 터졌다. 잃어버린 돈에 대한 미련은 세월도 약이 되지 못했다. 이자에 치이고 덤터기로 사람에게도 치였다. 월급으로 꼬박꼬박 빚을 갚아 나갈 때면 힘들게 호박씨 까서 남의 입에 다 털어 주며 사는 것 같았다. 살아가는 데 물질은 수단에 불과하다고 수없이 고개를 끄덕여 보았지만 괜찮지 않았다. 공들여 쌓아올린 것이 무너졌을 때 해야 할 일은 처음부터 다시 시작하는 수밖에 없었고 쓰디쓴 좌절의 맛에서 반동의 힘은 더 강해졌다.

아주버님이 쓰러져 병원에 입원했다는 연락을 받았다. 남편은 망설임 없이 적지 않은 액수의 돈을 보내겠다고 했다. 나는 눈을 부릅뜨며 "얼마요?" 하고 다시 물었더니, 그것도 많지 않다고 했다. 남편이 말한 액수 속에는 따질 수 없는 금전의 가치 이상의 것이 들어 있었지만 나는 말문이 막혔다. 마음의 빚도 빚이고 사람마다 도리의 기준도 다르겠지만 나는 지난일이 떠오르며 화가 팥죽 끓듯이 끓어올랐다. 세상을 돌아가게 하는 것도 돈이고, 사람을 돌아버리게 만드는 것도 돈이었다. 나는 다음날 뭉글뭉글한 속으로 남편의 뜻에 따라 형님 댁에 돈을 보냈다.

그날 저녁, 아주버님에게서 전화가 왔다. 돈을 다시 되돌려 보내겠다며 오히려 우리의 형편을 헤아리셨다. 그 순간, 나는 마지못해서가 아니라 치료비에 쓰시라며 간곡히 만류했다. 결국 보내드렸던 돈은 고스란히 돌아왔다. 그런데 반가움도 잠시, 희비가 갈마들었다. 겉 다르고 속 다른 것이 나인지 돈의 속성인지 돌아온 돈이 나를 비웃는 것만 같았다.

돈의 유혹을 의연하게 이겨낼 수 있는 사람이 몇이나 될까. 사람에게서 욕심을 없애는 일은 바다에서 파도를 없애는 것보다 더 어려운 일이라고 한다. 삶을 에워싸고 사방으로 둘러쳐져 있는 그물망과도 같은 돈. 난 촘촘한 그물코에 걸려들어 자기 보호 본능에 퍼덕이는 곤충 정도일까.

서랍계단

서울 한남동 의류매장에서 독특한 계단을 만났다. 아래쪽에서 계단을 올려다보니 서랍장을 포개 놓은 것 같다. 낡고 칠이 벗겨진 구닥다리 장롱, 문갑을 재활용하여 만들어 놓은 계단을 밟고 오르는데 문득, 한때의 기억이 서랍 속에서 쏟아져 나왔다.

언니와 함께 신당동 산동네에 세 들어 살았다. 전철역이 있는 큰길에서 좁은 골목으로 접어들면 계단길이 시작된다. 골목을 사이에 두고 낮은 지붕들이 이마받이하듯 맞붙어 있었다. 쌀집도 슈퍼도 이발소도 계단 옆구리를 따라 들어서 있었다. 층계참에서 아래를 내려다보면 다닥다닥 따개비처럼 붙은 집들이 비탈져 흘러내렸다. 노인들은 계단길을 한숨과 함께 무릎을 짚으며 오르고 하굣길 아이들은 삼삼오오 가위바위보 놀이를 하며 올라가곤 했다. 밤에 남산타워 쪽을 바라보면 수많은 불빛이 이어져 있었다. 건물들은 어둠에 묻혀 보이지 않고 빛만 보이는 세상이었다. 불빛 하나하나 누군가의 소중한 빛으로 보였고 비록 희미하지만 나의 단칸방 불빛도 수많은 빛 중 하나로 반짝이기를 꿈꾸었다.

대학 졸업 후, 지방에서 광고 일러스트 일을 하다 회사가 문을 닫자 서울로 상경했다. 여기저기 이력서를 냈지만 반응이 없었다. 무료한 날엔 을지로를 지나 광화문에 있는 교보문고까지 걸었다. 서점에서 다리를 쉬며 책을 읽다가 다시 걸어서 집으로 돌아오곤 했다. 재봉틀 돌아가는 소리가 들리는 봉제골목을 지나 급하게 휘어지는 계단길이 두 번

연달아 나오고 나면 작은 부엌이 딸린 자취방이 나왔다. 방과 부엌 사이에는 문이 없는 대신 베니어판으로 네모난 구멍이 뚫어져 있었다. 언니와 나는 그 구멍으로 팔을 뻗어 반찬과 밥을 주고받았다. 겨울이면 보일러 물통이 끓어넘쳐 연탄불이 꺼지기 일쑤였다. 번개탄을 피울 때마다 눈물이 났고 연탄가스는 독을 품은 뱀처럼 수시로 기어들어왔다.

아침이면 주인 아주머니의 악다구니로 하루가 시작되었는데 주인 여자는 일어나자마자 연탄 개수부터 확인했다. 자취방은 연탄창고와 붙어있었기에 우리 자매는 늘 의심의 대상이 되었다. 이마를 잔뜩 찌푸리며 나를 바라보는 주인 여자의 의심보다 더 거북스러운 것은 방문 밖 고무 통이었다. 커다란 고무 통에는 늘 짐승의 내장이 핏물에 흥건히 잠겨있었다. 주인 아저씨는 마장동 축산시장에서 도축 일을 하러 다녔는데 사람들이 주인집에 내장, 선지, 잡뼈를 사러 수시로 들락거렸다. 벌집 같은 위장과 창자를 들추어 낼 때마다 비린내가 진동했다. 나는 냄새에 잠이 들고 냄새에 잠이 깼다.

하고 싶었던 광고 일은 좀처럼 직업으로 연결되지 않았

다. 여기 있어야 할지, 단념하고 내려가야 할지. 계단 길은 위에서 내려다볼 때와 아래에서 올려다볼 때와는 다르게 보였다. 한쪽 끝은 바닥에 닿아 있지만 다른 한쪽은 오를 수 없는 허공으로 보였다. 어떻게든 상황을 벗어나보려고 취직을 했다. 구인 광고지를 보고 찾아간 곳은 남대문 시장에서 물건을 떼다가 납품하는 곳이었다. 나는 방산시장에서 라벨을 주문해 백화점 상표를 붙이는 일과 판매도 겸했다. 헐값의 물건이 브랜드 상표를 붙이는 순간 값이 몇 계단 뛰어올랐다. 직업으로 여기기엔 떳떳하지 못한 일이었다.

이른 아침이면 사람들이 계단 밑으로 우르르 내려갔다. 허름한 차림의 가장들이 내려가고 나면 젖은 머리의 아가씨들이 바삐 내려갔다. 가파른 계단은 그때그때 상황에 맞게 만들었는지 꺾임과 갈래가 불규칙하게 휘어진 계단이 많았다. 나는 버스정거장까지 줄달음치기 일쑤였는데 어느 날, 출근길에 살얼음 낀 계단을 급하게 내려가다 고꾸라졌다. 무릎이 크게 깨졌는데 깨진 것은 무릎뿐이 아니었다. 치료 때문에 한동안 쉬어야 했고 다시 일터로 돌아갔을 땐 사장이 돈을 챙겨 달아난 후였다. 몇 달치 밀린 월급마저 받지 못했다. 언니는 시골집으로 내려가라고 채근했다. 고향집에서도 이제 내려오는 게 낫지 않겠냐고 했다. 하지만 층계를 오를 때 가장 힘든 곳은 딱 중간에 와 있을 때였다. 더 오르자니 힘들고 내려가자니 이제껏 올라온 시간이 아까웠다. 나를 넘어뜨린 계단에서 주저앉고 싶었지만 한 발 한 발 정해진 보폭만을 필요로 하는 계단 앞에서 몸을 낮추며 다시 오르내리기를 반복했다.

상경한 지 삼 년이 넘도록 딛고 싶은 평지는 좀처럼 나오지 않았다. 얼마 못 가 끊기고 갑자기 꺾이는 계단길처럼 시간제 일자리만 옮겨 다녔다. 시골에 있을 때, 내가 모르는 서울이라는 곳에는 대단한 일들이 일어나고 있는 것처럼 보였다. 상경하던 해, 서울의 수많은 불빛 중 나를 필요로 하는 곳이 한 군데 쯤은 있을 줄 알았는데 깃들 곳이 없다는 것을 계단처럼 자꾸만 꺾이는 반복 후에 알게 되었다.

긴 세월이 흐른 지금, 그 시간의 층계로부터 얼마나 올라왔나 잠시 뒤돌아본다. 한때 시골뜨기인 나와 세상을 이어주던 계단은 살면서 거쳐야 하는 단계였을 뿐이었다. 생의 주름살 같은 계단은 나보다 앞서간 누군가가 밟고 간 길이었다. 우연히 만난 서랍계단 앞에서 오래전 기억을 여닫는다.

소리 산책

집 주변은 마트, 먹자골목, 터미널, 백화점, 지하철역으로 둘러쳐져 있다. 사람과 차들로 시끌벅적하다. 옛날로 치면 저잣거리 바로 옆에서 살고 있는 셈이다. 집을 나서면 거리의 사람들이 거침없이 속내를 보여준다.

"어머나, 세상에, 그 여자가 그 정도였단 말이야?"

내 앞을 서너 발짝 앞서가던 두 여자의 대화가 들려온다. 솔깃해진 나는 흥미를 느끼며 바짝 따라붙었다. 뒤태가 통통한 여자가,

"봤어? 예전에 그 여자 허벅지살이 장난이 아니었다니깐."

"어머머, 난 몰랐네?"

"거기다 덜렁거리는 팔뚝 살 때문에 날개 달렸냐는 소리까지 들었잖아."

"나도 하체 살 좀 뺄까 하다 꿀벅지가 대세라서 참았어."

"아, 나도 짧은 치마 한번 입어봤으면. 소파에 한 번 누우면 손가락 하나 까닥하기 싫으니 말이야. 간식거리 먹으면서 발로 리모컨 누른다니까."

서로 웃다가 탄식이 섞인 대화가 이어진다.

"근데 그 여자 살 빠진 건 좋은데 얼굴살이 너무 빠져 팔자주름이 깊게 패었더라구."

식욕을 두려워하며 살과의 전쟁을 치르고 있다. 배흘림기둥처럼 중간 부분이 불룩한 나도 그들을 바짝 뒤따라간다.

*

산책로를 벗어나 건널목에 섰다. 횡단보도를 건너기 전, 구두수선 가게에서 찰진 트로트 메들리가 흘러나온다.

"(쿵짝쿵짝) 이 바암~ 왠지 그대 가아아~." "(쿵짝쿵짝) 해가 뜨며언~ 찾아 올까아아~."

흥을 돋우는 트로트 메들리 리듬을 타면서 보행신호가 바뀌기를 기다리는데 두 청년의 대화가 걸려들었다.

키다리청년: "야, 너네 사장 돈 얼마 주냐?"

친구: "그냥 그렇지 뭐, 세금 떼고…. 미친 듯이 굴려 먹고 돈 적게 주는 회사… 휴;;"

키다리청년: "존나 기다렸는데, 별 개떡 같은 곳에서 연락이 왔더라구. 남들은 공기업, 대기업 잘만 들어가던데."

친구: "우린 그런 인간들 아니잖아."

키다리청년: "취업은 안 돼 죽겠는데, 눈칫밥 먹으려니 미치겠다, 승질만 버린다야."

신호가 바뀌어 그들의 대화는 계속 듣지 못했지만, 지나가는 행인인 내가 알 바 아닌 이야기가 아니었다. 자기밥그릇 차지하지 못한 허기진 청춘들. 그들에게 '밥 먹었냐?'고 함부로 물을 일이 아니다. 하루 세 끼니 먹기 힘들었던 시절의 안부가 지금도 여전히 통용되고 있는 인사말이라는 것을 남기고 그들은 어디론가 사라졌다. 신호가 바뀌고 다른 풍경이 이어진다.

*

영화관과 백화점이 있는 먹자골목은 연인들로 북적댄다. 살랑치마 아가씨와 킬힐에 핫팬츠가 붐빈다. 마주 오는 한 쌍은 허리를 감고 걷는 것도 모자라 여자가 남자에게 체중을 완전히 싣고 걷는다. 여자가 애정에 겨운지 눈이 반쯤 감긴 채 마치 꿈을 꾸는 듯한 얼굴로 남자를 바라본다. 애써 모르는 척 지나쳐 가려는데 아가씨 목소리가 들려온다.

"오빠, 그거 10프로 아니야?" 여자가 경쾌하게 묻자 "난 20프로 알고 있는데." 남자가 낮은 베이스음으로 답한다. 그들과 앞서거니 뒤서거니 걷다가 3막 4장쯤 듣고 보니 남자가 세일하고 있는 명품 가방을 사주는 날인 것 같았다.

나는 왠지 사랑이 돈에게 약간 밀리는 것 같은 느낌을 받으며 스쳐간다.

나에게 산책은 굳이 공기 좋은 풍경이 아니어도 좋다. 사람들 수런거림에 주파수를 맞추면 마치 라디오 채널을 이리저리 돌리며 사연을 듣는 것과 같다. 일부러 엿들으려는 것은 아니지만 주파수를 제대로 맞추면 잡음은 사라지고 사람 사는 이야기가 들려온다. 익명의 청취자인 나는 세상 풍경과 발맞춰 걸으며 마음의 주파수를 맞춘다.

흙 보풀

사거리 건널목에서 초록 불을 기다린다. 횡단보도로 자동차들이 바짝 다가선다. 차 안에서 밖을 내다보고 있을 뭇 시선들 앞에 무방비로 나를 들키고 있는 기분에 사로잡힌다. 신호등의 긴 호흡이 답답하게 느껴진다. 입 안에 침이 고인다. 고개를 숙여본다. 보도블록에 말라붙어 있는 비둘기 똥처럼 초라한 느낌이 든다.

아득한 유년의 뒤안으로 돌아가 보면 수줍은 여자아이가 있다. 그 아이는 늘 혼자 지내다시피 했고 얼굴은 창백했다. 넋이 빠진 듯한 아이를 엄마는 몹시 못마땅해 했다. 야단을 칠 때 쩌렁쩌렁한 음성에서는 쇳소리가 났다. 그럴수록 주눅이 들었고 번번이 엉터리 심부름으로 어머니의 발을 동동 구르게 했다. 성정이 칼칼한 어머니가 매서운 눈빛으로 엄하게 잡도리를 할 때면 온몸이 오그라들었다. 여자아이는 자라면서 누가 나무라는 듯한 표정만 지어도 겁이 더럭 나고 불안했다.

여자애는 조마조마할 때면 눈에 띄지 않으려고 집안의 후미진, 이 구석에서 저 구석으로 숨을 구석을 찾아 스스로 쫓겨 다니기를 했다. 그중에서도 뒤뜰은 외부와 격리되는 유일한 공간이었다. 고요한 뒤란으로 술래처럼 뛰어들면 암탉이 알을 낳아 품고 있다 놀라 파득거리며 사라졌다. 그 때 집어 든 까슬한 알은 알맞게 따뜻했다. 서늘한 뒤꼍에서는 기울어진 단감나무와 굴뚝 검댕이와 꿈틀거리는 작은 벌레들, 그리고 몸에 붙은 까시래기마저도 다정하게 느껴졌다.

신호가 바뀐다. 사람과 사람 사이를 파고든다. 인파에 휩쓸려 갈 때는 괜찮지만 혼자 횡단보도를 건널 때면 긴장은 더해진다. 갑자기 걸음이 서툴러진다. 한쪽 발이 미처 땅에서 들리지 않는 상태에서 다시 내딛는 순간 걸음 같지도 않은 뜬 걸음이 되면서 몸이 한쪽으로 쏠린다. 기억이란 정말 이상하다. 수수 많은 날 중 어느 한 날이 문득 떠올라 마음속을 가득 채운다.

예닐곱 살 적, 여름날이었다. 뙤약볕에 장독 뚜껑이 포개어지고 검은 장 위로 먹장구름이 지나가고 나면 소나기가 툭툭 함석지붕 처마를 친다. 잠잠하던 집안 식구 모두 뜀박질로 달려들어 항아리마다 뚜껑 덮고, 덕석 걷고, 빨래를 걷고, 소리를 지르며 정신없이 움직였다. 그때였다. 마루 밑에서 잠들어 있던 강아지가 낮잠을 설치며 기어 나오다 누군가의 몽니 궂은 발길에 차였는지 사정없이 나가떨어졌다. 꼬리를 감추고 앵그리듯 앓는 소리를 내며 어긋난 몸짓으로 걸음을 옮기던 누렁이가 애처로웠다. 뭐 하나 거들 수 없는 여자애도 거치적거리다 어디에서 지청구가 날아올지 모른다. 어찌할 바를 모르다 잽싸게 뒤란으로 피한다. 마당에서 식구들의 어지러운 발소리를 들으며 최대한 몸을 작게 만들어 웅크린다. 잠시 소나기가 지나가고 마당에 소름처럼 돋아난 흙 보풀 냄새가 뒤꼍으로 밀려오면 그때서야 할머니의 자비로운 부름을 기다렸다. 그렇게 삼대가 한집에 사는 대가족 속에 홀로 적막했다.

혼자 거리를 다니는 것이 왜 불편한 것일까. 기습적으로 뭇시선을 만들어낸 나는 바쁜 걸음들 속에서 자신을 유독 눈에 띄는 단 한 명으로 만들어 어색해 한다. 쳐다보고 있을 거라는 것은 망상일 뿐이다. 하지만 어쩔 수 없다. 사람들과 차들의 눈을 피해 백주에 무단 횡단을 하고 신호등을 무시하기도 한다. 급해서가 아니다. 문득 되살아난 조바심이 하늘을 떠도는 먼지 알갱이와 뒤섞여 밀려들기 때문이다. 사람들은 그런 내가 이상하다고 하겠지만 남들에게 아무렇지 않는 일이 나한테는 당연하지가 않다.

어릴 적 잃어버린 파란 신호등. 과거도 현재도 아닌 어느 지점에 잠깐 그렇게 서 있는데 나 대신 옆구리가 차인 것 같은 순진무구한 강아지 눈망울이 떠오른다. 털끝 시린 겨울 눈 더미에서도 뒤집힌 벌레처럼 겨드랑이를 보여주고 손을 핥고 마음을 핥아주던 복실 강아지. 길 건너편 정류장을 향해 또 한 번 가로질러 가려는데 느닷없는 발길질에 비뚜적대던 강아지가 물고 늘어진다.

하루살이

너는 날이면 날마다 눈길을 끌어. 너의 임무는 사람들이 너를 들여다보게 하는 것. 넌 애초에 그렇게 태어났어. 너는 야누스의 얼굴을 가지고 있지. 네가 말한 사실이 알고 보면 거짓일 때가 있어. 너는 가끔 활자에 취한 사람들을 잘 속여. 사람들은 너를 비난하면서도 속아 넘어가. 네가 한 말들이 소문처럼 퍼지고 나면 누구나 다 알 법한 이야기가 돼. 네가 흘리고 뱉은 말을 가지고 방아를 찧다보면 뻥튀기가 되지.

너는 매일매일 반복되는 지겨운 감정 같아. 성추행, 횡령, 특혜의혹, 청문회의 식은땀…. 세상이 숨기려는 이야기를 날카롭게 누설하지. 얼마 전, 고향에서 보내온 택배박스 속에 네 먼 친척쯤 되는 농민신문이 딸려왔어. 가격이 폭락한 김장배추가 죽을 자리가 없어 난 자리에서 썩어가고 있더군. 배추 끌텅같이 땅에 뿌리내리고 사는 농민들 애간장이 타들어가고 있었어.

너의 잉크 염료 냄새가 날 자극해. 너는 내 마음을 훔치는 문장을 완벽히 갖추고 있을 때가 많아. 한줄기 빛 같은 활자의 목덜미를 쓰다듬으며 끌어당기지. 그렇게 너와 마음이 통할 때면 마른침을 삼키며 가위 날을 세워. 그리곤 서걱서걱 틈을 비집고 날렵하게 날을 휘둘러. 무례인 줄 알지만 인정사정 볼 것 없이 오려내. 그런 다음 가위손은 다음 지면으로 달아나. 네가 알다시피 난 스크랩 고수야.

지면에서 불쑥 튀어 나온 너는 당분간 나와 거리를 유지해야 해. 상처받지 마. 네 수명을 연장해 주려는 거야. 글을 쓰는 나는 네가 한 말을 가져다 말을 맞추곤 해. 하지만 말이라고 다 말이 되는 건 아니야. 말이 되는 소리여야 모래알 같이 작은 말까지도 존재해야 할 이유를 찾아주는 셈이지.

너는 오늘 터진 사건 사고의 부검 결과를 갖고 내일 아침 당장 우리 집 앞을 외판원처럼 찾아오겠지. 어제와는 다른 착지 동작으로 말이야. 아침신문, 세상을 조금이라도 변화시킬 수 있는 힘이 네게 있다고 생각하는 나는 기꺼이 너를 맞이할게. 그러니 두려워 말고 사람들의 가슴팍에 안겨버려.

뒤꼍

외갓집 낡은 대문은 바람이 조금만 불어도 삐걱거렸다. 문 안으로 고개를 내밀고 기웃거리다 할머니, 하고 부르면 또 왔나? 하는 마뜩잖은 기색을 어린 눈치로도 알 수 있었다.

외가는 마을 앞 너른 들판을 사이에 두고 떨어져 있었다.

제사가 많은 외갓집에 가면 먹을 것이 있었다. 언젠가 맛보았던 유과가 가장 먹고 싶었다. 갱엿에 버무린 유과를 입안에 넣으면 살살 녹았다. 하지만 할머니가 그걸 내 줄 리 없었다. 높은 토방에 올라 마루에 걸터앉으면 발이 땅에 닿지 않았다. 딴엔 기척을 내보려 두 다리를 앞뒤로 크게 흔들었다. 그러거나 말거나 할머니는 치마폭 바람만 일으키며 부엌과 마당을 분주히 오갈 뿐 내게는 관심도 없었다. 다른 집 외할머니들은 '요것 잔 먹어봐라, 조것 잔 먹어 봐라. 하면서 주전부리를 내놓는다는데….' 기다려도 할머니의 일손은 멈추지 않았다. 나는 마루 기둥에 기대어 눈치만 살피다 여느 때와 마찬가지로 풀이 죽어 대문을 나섰다.

외갓집을 나와 모퉁이를 돌아들면 신작로와 붙어있는 대밭이 나왔다. 대숲은 작은 바람에도 휘청거렸다. 한낮에도 어두한 대숲을 지날 때면 서늘한 기운이 느껴졌다. 댓바람이 허기진 마음을 훑고 지나갔다. 동네 어귀를 지나자 비탈에 매어져 있는 염소가 허탕 친 나를 비웃듯 입을 벌린 채 매헤헤 거렸다. 이곳에 다시는 오지 말자, 마음을 다져도 왜 늘 이곳으로 달려오고 싶은 건지. 생각해 보면 군음식을 먹기 위해 달려간 건만은 아니었던 것 같다. 엄마와 떨어져 지내던 나는 할머니가 엄마의 엄마니까 따뜻하게 품어 줄 거라는 기대를 멈출 수 없었던 것이다. 그렇게 집으로 돌아와서는 외갓집에 있었던 일에 대해 누구에게도 말하지 않았다.

어느 날, 외할머니가 제사 뒤 끝에 광문을 활짝 열어 놓고 청소를 하고 있었다. 걸레질을 하다 말고 시렁에 올려 있던 유과 그릇을 들고 성큼 마루로 나오셨다. 나는 침을 삼켰다. 아가, 먹어라, 하실 줄 알았는데 할머니는 유과 그릇 속을 찬찬히 들여다보시더니 손가락으로 무언가를 집어내셨다. 그리곤 그 뭔가를 양손에 잡고 당신의 입으로 가져가 가로로 길게 빨아냈다. 머리카락이었다. 가느다란 한 올에 발린 갱엿을 핥아내고는 내팽개치듯 버렸다. 나는 그토록 먹고 싶었던 마음이 싹 가셨다. 할머니는 그 유과 그릇을 아래채에서 공부하고 있는 외삼촌에게 가져갔다. 딸 넷을 내리 낳고 얻은 아들에 대한 애착이 유별했던 할머니에게 딸은 자식 축에도 못 끼었다. 그 딸의 분신인 내 존재가 미미했다는 것을 그때는 몰랐다.

외가는 우리 집과는 달리 지대가 높고 넓은 뒤뜰이 있었다. 돌층계를 오르면 바로 오른쪽이 딸기밭이었다. 봄날, 나는 할머니가 없는 틈을 타 부리나케 뒤꼍으로 달려갔다. 할머니가 보셨다면 여느 때처럼 카랑한 목소리로 "그 짝으로 가지 말어라잉, 뱀 있응께." 하셨을 것이다. 할머니의 눈을 피해 딸기를 따먹을 수 있는 좋은 기회를 놓치고 싶지 않았다. 연초록 잎 속에 탐스러운 딸기가 얼굴을 내밀고 있었다. 달짝지근하고 물컹한 딸기는 금세 입안에서 녹았다. 몇 개만 따먹고 내려오려고 했지만 감질나서 바로 내려올 수가 없었다. 이따금 풀잎이 저 혼자서 움직일 때면 뱀이 지나가는 것 같아 가슴이 철렁 내려앉았다. 어느 쪽으로 발을 내디뎌도 불안이 가로막았다.

비밀의 정원 같은 뒤뜰은 먹을거리가 많았다. 밭 둘레에다 심어 놓은 호두, 앵두, 살구, 먹감나무 철따라 열매가 열렸다. 과실나무는 그저 나무가 아니라 가난한 살림을 거드는 충실한 일꾼 같았다. 두툼하게 감싸고 있는 호두 청피를 벗기면 갈색 알맹이가 나왔다. 돌멩이로 호두를 내리치면 자꾸만 튕겨져 나갔다. 단단한 껍질로 뒤덮여 있는 호두는 외할머니의 마음처럼 잘 열리지 않았다. 어쩌다 봉합선을 따라 정확히 쪼개지면 뽀얀 알맹이가 나왔는데 무척 고소했다.

세월이 많이 흘렀다. 대부분의 사람들은 지나간 일을 자기 식대로 편집해서 기억한다. 외할머니는 비바람에 긁힌 호두 청피처럼 푸른 나이에 청상이 된 굴곡진 삶 속에서 정작 당신은 달콤한 것을 마음 놓고 자시지 못했다. 나는 뒤늦게 할머니의 생을 이해하게 되었다. 이해한다는 것이 외할머니가 살아 냈을 삶의 무게까지 알 수 있다는 건 아니다. 어릴 적 육친肉親에게서 받고 싶었던 사랑이 내게 미치지 못했다면 부족했을 뿐, 아예 없는 사랑이라고 할 수는 없을 것이다.

외할머니는 그 옛날 내주지 않는 것을 훔쳐 먹으려 들며 말없이 조르던 어린 손녀에 대한 기억이 남아있을까.

그만 죽이고 싶다

토분에 심어진 남천을 보고 깜짝 놀랐다. 처음 우리 집에 왔을 때 보여주었던 생명력은 사라지고 칙칙하게 변한 잎들을 떨구고 있었다. 볕이 들어오는 곳이라곤 블라인드 틈이 전부인 곳에서 잘 견디는가 싶었는데 시련과도 같았을까. 새잎을 틔워야 할 계절에 생기를 잃어가고 있는 남천은 할 말이 많다는 얼굴로 나를 바라봤다. 여러 날 물 주는 것을 깜빡 잊은 나는 한밤중에 잠들어 있는 녀석에게 물을 끼얹곤 했다. 그의 잠자리가 더부룩하리라고 생각 못했다. 키만 멀대같이 큰 녀석이 더 살기를 포기한 것 같았다.

일주일에 두 번 물을 주고 햇볕을 쬐면 무조건 산다고 했다. 빛이 가장 잘 드는 베란다에 놓고 물을 콸콸 부어주었다. 화분 밑구멍으로 귀여운 소리를 내며 물이 빠져나왔다. 작고 길쭉한 이파리를 바라보며 앉아 있는 시간이 좋았다. 흡족하게 물을 마시게 한 다음 물끄러미 바라볼 때면 여린 이파리의 생명력에 마음이 닿는 것 같았다. 직사광선을 받도록 해주고 물을 열심히 주었다.

제법 튼실하고 빼곡하게 잎을 피운 남천은 늦가을부터 빨갛게 변하기 시작했다. 가지마다 각자의 속도와 사정이 있는 것처럼 제각각 물들어갔다. 어쩌면 저렇게 잎이 꽃잎 같을 수 있는지. 꽃을 피우지 못하지만 충분히 사랑 받을 자격을 가진 식물을 보며 사람도 마찬가지 아닐까 하는 생각이 들었다. 제아무리 화려한 꽃을 피우는 장미라도 꽃은 한철이지만 잎은 사철이어서 좋았다. 바쁘게 집을 나서면서도 햇살이 잘

드는 곳에 옮겨 두는 일을 잊지 않았다.

이제 남천을 주어진 자리에서 견디는 것 말고는 할 수 있는 게 별로 없어보였다. 블라인드 그늘에서 이파리를 떨구고 있는 나무는 사라지는데 시간이 필요해 보였다. 시들고 말라비틀어지고 떨어지는 과정이 더디게 흘러갔다. 눈길이 닿지 않는 나무는 시름시름 앓으면서 공허한 기운을 내뿜었다. 그 모습이 처음엔 안타깝다가 나중엔 성가셨다. 화분을 엎어버릴까. 차라리 그만 죽었으면 했다. 몹시 갈증을 느끼고 있는 것 같았지만 돌보기에는 귀찮고 내버려 두기에는 마음에 짐이 되었다. 그래서 피해버렸다. 숨이 끊어질 때까지 방치했다.

나는 이런 식으로 손에 피 한 방울 안 묻히고 여러 차례 화분을 죽여 왔다. 나의 냉담함은 무엇으로부터 비롯된 것일까. 말이 좋아 식물을 기른다고 하지만 사실 기른 것이 아니라 서서히 죽음으로 내몰았다. 그때그때 기분에 따라 충동적으로 사들이고 죽이고 후회하고 또다시 사들였다. 손길이 필요한 것들을 장식품처럼 보기 좋은 곳에 놓아두고 바라보는 것을 즐겼다. 얼마나 냉소적인 사람인지. 화초를 들여오기 전 내가 어떤 사람인지 잘 알았어야 했다. 햇빛처럼 밝은 사람인지, 그늘처럼 쌀쌀한 사람인지, 게으른 사람인지. 아무리 햇볕 잘 들고 바람이 잘 통하는 집에 살더라도 애정을 쏟지 않는다면 또 죽어나갈 수밖에 없다.

사랑도 관상용 식물 같다는 생각이 든다. 기분 내키는 대로 물을 주어 과습으로 숨막히게 했고 햇빛을 좋아하는 줄 알면서도 옮기기 번거로워 실내에 두고 만족했다. 뿌리가 자랄 대로 자라서 분갈이를 해줘야 하는데도 바라만 보았다. 그저 죽을 때까지 안전한 거처가 되어줄 뿐이었다.

돈을 부른다는 속설이 있어 데려온 녹보수, 전자파 차단과 가습 역할을 한다는 아레카야자, 공기 정화에 좋은 여인초…. 가벼운 마음으로 사들여 먼 시선으로 쳐다보다 빈 화분이 됐다. 죽은 식물들을 한데 모아놓으면 내가 어떤 사람인지 서로 말하려들지도 모른다. 생명력을 보여주던 식물들이 사랑이라고 하는 게 그렇게 쉽지만은 않다는 거름을 남겨주고 떠났다.

5부

미워도 미운 것만은 아니고

웃는 돼지

"딱, 백 근이네."

"… 아니, 무슨?"

"돼지로 치면 젤로 맛있을 때여."

내가 체중계에서 내려오자, 남편이 뒤따라 올라서려다 숫자판을 내려다보며 뱉은 말이다. 가축도 아니고 사람의 체중을 근수로 계산하다니 원…. 나는 아랫입술을 깨문 채 남편을 향해 레이저 눈빛을 쏘았다. 그의 말끝에 걸리는 게 한두 가지가 아니었지만 옥신각신하자니 전에 없이 힘이 부치기도 하고 무엇보다 에너지 낭비를 하고 싶지 않다고 생각하는 순간 불현듯 심리 상담을 받으러 다니던 때가 떠올랐다.

"부인은 남편에게 먹힌 상태입니다."

'먹혔다'는 임상심리 전문의 말을 듣던 그날 나는 가슴이 먹먹했다. 상대가 뱃속 깊이 삼키는 동안 먹힌 줄 모르고 있었다니…. 우울은 참음과 인내로 해결되지 않았다. 눈 안에 핑 도는 물기를 안으로 들여보냈던 마음의 정체가 문제였다. 진단을 받은 날부터 나는 새삼 기겁을 하며 먹힌 상태에서 빠져나오려 몸부림 쳤다. 그동안 당신이 알던 내가 아니야! 잃어버린 저돌성과 야생성을 찾으려는 멧돼지처럼 공격했다. 감정이 롤러코스터처럼 요동칠 때면 쌀바가지를 집어 던졌다. 새로운 형질이 나타나자 나의 돌연변이에 남편은 놀라워했다. 사실 변한 게 아니라 원래 갖고 있었던 성격이었다.

나는 전투 태세에 돌입했다. 내던진 리모컨이 거실 장에 날아가 유리가 박살났다. 내 안에 숨은 짐승이 뛰쳐나와 예기치 못한 상황이 벌어지기도 했다. 그런 날이면 집안은 자기가 토한 오물 위를 뒹구는 돼지우리로 변했다. 내 태도에 당황한 남편은 달아나듯 집을 뛰쳐나갔다. 그렇게 부대낀 뒤에야 서로를 둘러싸고 있는 감정의 맥락이 겨우 잡혔다. 싸움은 결국 결혼생활의 일부라는 것을 확인하는 일이었다.

결혼 30년째다. 먹힌 건 나인데 왜 허기진 것도 나인지. 미워도 미운 것만은 아니고 좋아도 좋은 것만은 아니어서 다가가도 외롭고, 다가와도 허하다. 뒤꿈치도 보기 싫다가도 그가 입맛 없다며 라면 끓이면 그냥 지나치지 못하는 게 나다. 왜 끝까지 미워하지 못하는지. 결국 내가 더 사랑하기에 먹혀버린 것만 같고 반대로 남편은 그런 나를 너무 잘 알고 있기에 안 먹어도 포만감을 느끼는 것 같다.

마음 안팎이 평안해지니 빈번하게 출몰하던 내 안의 짐승도 잠잠해졌다. 한때 눈만 마주쳐도 좋았던 시절이 있었지만 이제 누가 더 사랑하느냐, 덜 이해하느냐, 무게를 드레질하는 것보다 섣부른 기대를 갖지 않기 위해 노력하는 쪽으로 눈금이 기운다. 각자 기대치를 저울에 달아보면 쓸쓸하고 외롭지 않은 이가 어디 있을까. 한 다리 건너서 있다가도 그가 아프면 내 마음이 더 아프다.

"하필이면 웬 돼지?"

"아니, 돼지 백 근이면 크지도 작지도 않고 잡아먹기… 딱 좋다고?"

애정표현은 더더욱 아니요, 참 할 말도 그리 없을까 싶어 어이없이 씨익 웃자 그도 따라 웃는다. 그래, 뜨거운 가마솥에서 삶아진 고사상의 돼지웃음처럼 간과 허파를 다 내놓고 미소 지을 때 정성스런 절을 받지 않던가.

분꽃

시장 골목 모퉁이에 수선집이 있다. 눈에 잘 띄지 않는 그 가게에는 세월이 묻어 반질반질한 재봉틀을 품고 있는 여자가 있다. 그녀는 손끝이 워낙 야무지기도 하지만 무엇보다도 수선 값을 십 년 전 가격으로 받기에 들르곤 한다.

낮은 차양 밑, 나무궤짝에 분꽃이 말갛게 피어있다. 앙증

맞은 꽃 나발들을 눈여겨 바라보는 내게 그녀는, 분꽃이 피면 저녁쌀을 안쳤다는 어릴 적 얘기를 하다 친구들 공부할 때 봉제공장에서 미싱일을 해왔다며 내력을 들려준다. 열네 살 때부터 각성제를 먹어가며 밤낮없이 품었던 재봉틀이란다. 월급 받아 아버지 약값 대고 송아지 사주고 동생들 공납금을 댔다며, 손님에게 눈 씀벅이며 풀어놓는 사연이 꽃물 들듯 내게 스며든다.

"작년까지만 해도 참을 만했었는데…."

어깨를 너무 써서 연골이 많이 닳은 상태라고 한다. 여름에도 눈발이 들이치는 것처럼 시리고 밤에는 통증이 심해 잠을 설친다고 한다. 밀려드는 일감도 반갑지 않다고 했다. 수그렸던 고개를 가끔 들어 보이는 그녀의 눈에 남모르는 눈물이 차 있어 보였다. 드르륵, 들들들, 박음질 소리가 뼈 녹은 자리에서 나는 소리로 들린다. 미싱대에 바느질감을 앞으로 밀어내듯 통증을 밀어내고 있는 걸까. 모서리가 닳은 널빤지에서 바쁘게 돌아가는 검은 재봉틀이 말 머리로 보이며 그녀가 미싱을 타고 짐수레를 힘겹게 끌고 가는 것처럼 보인다.

그래도 이 일이 좋아 평생 미싱일을 한다며 상그레 웃는 얼굴로 맡겼던 수선옷가지를 내게 건네준다. 그녀의 한숨과 신음을 들은 터라, 나는 마음을 준다는 것이 수선비 제값에 웃돈을 더 보태어 내밀었다. 그런데 그녀가 손사래를 치며 완강하게 뿌리쳤다. 어찌해 볼 틈도 없이 돈이 헝겊 쪼가리처럼 어지럽게 흩어졌다. 아주 마다하지는 않을 줄 알았는데…. 얼른 주워 담고 고개를 드니 그녀는 마지못해 선웃음을 짓고 있었다.

평생을, 그렇게, 닳도록…. 바늘 하나로 세월을 깁는 그녀를 향한 안쓰러움이 사품질을 해대는 바람에 내 감정 추스르느라 상대의 마음을 상하게 하고 말았다. 이름 붙일 수 없는 것을 함부로 계산하려 들다 그녀의 정신만 어지럽혔다. 생의 솔기가 비틀어지지 않도록 잡아주는 노루발처럼 제자리에서 또박또박 걸어가는 그녀는 현실을 받아들이는 힘으로 호의를 거절할 수 있었던 것일까. 아픈 팔을 써서 살아가는 그녀로부터 내가 정작 수선해야 할 것은 옷가지가 아니라 내 식으로 재단하고 바라보는 시선이 수선감이라는 생각이 들었다.

고향집 담장 아니면 장독대 옆에나 있을 듯싶은 분꽃은 슬픈 과거의 꽃 같다. 바늘 목에 세월의 바람을 감아온 그녀처럼 꽃송이들이 오므라져 있다. 해질녘이면 시든 꽃이 새 꽃인 양 다시 피어나는 분꽃은 지는 순간을 최대한 유예시키고 있다.

분꽃 발치에 떨어진 얽은 씨앗. 그 까만 먹빛 씨앗이 세상 보는 까막눈을 틔어주듯 먼눈을 트이게 한다. 수선집에서 수선을 피우다 나오는데 드르륵, 드르륵, 노루발 소리가 뒤따라왔다.

잘살 거라는 말

남쪽 신안군 자은도 섬 마을에서 신도시로 이사를 왔다. 이곳은 전셋집이 워낙 귀하기도 했지만 마음에 드는 집은 전셋값이 비쌌다. 선택의 여지 없이 겨우 얻은 집은 큰길가 옆이었다.

이 집의 문제는 소음이었다. 밤낮 없이 들려오는 차 소리에 시달려야 했다. 섬에서 살던 집은 사방이 적막하고 길을 가도 사람을 마주치는 일이 드물었는데…. 아파트가 밀집해 있는 신도시는 군데군데 공원이 있지만 마치 하나의 풍경을 드래그해서 복사한 뒤 계속 붙여넣기를 해놓은 것 같은 단지들이 이어져 있다.

소음을 의식하면 그 순간부터 내가 차바퀴로 변해버리는 것 같아 파도 소리라 여기기로 했다. 상황을 바꿀 수 없다면 마음이라도 바꾸어야 했다. 하지만 살면서 쉽지 않는 일이었다.

곧 이 집을 떠난다. 거친 바깥세상의 보호막이 되어준 공간이 식구들의 훈기로 가득하다. 수없이 먹고 자고 씻고 반복 속에서 정이 들었다. 낡은 장판과 지워지지 않는 얼룩에는 사연이 묻어있고 벽 귀퉁이에 아이의 키 재기 표시와 문짝에 묻은 손때가 세월의 흔적을 드러내고 있다.

현관 옆 작은 방은 친정어머니께서 돌아가시기 전 기거하던 방이다. 서울에 아들 집이 있지만 딸은 "제 살같이 편하다." 하시며 오랫동안 머물렀다. 어머니가 많이 보고 싶을 때면 그 방에 들어간다. 한낮이라도 어머니처럼 반듯하게 누워 한참 동안 천장을 바라본다. 유난히 높아 보이는 천장, 한눈에 네 귀퉁이가 다 들어오는 작은 방이다.

이 방에서 휑한 눈빛으로 천장만 하염없이 바라보며 누워 있던 어머니. 깨어있지도, 자고 있지도 않은 것 같은 모습이 떠오른다. 깊은 병환으로 정해진 삶의 시간을 앞에 두고 자식에게 다 못한 사랑을 저 천장에 매달아 놓은 것일까. 천장에 엄마의 눈길이 떠돈다. 회한은 천장 벽지의 연속무늬와 함께 무기력하게 벽을 타고 이어진다. 세상을 원망하고 체념하고 또다시 집착했을 것을 생각하니 가슴이 아려온다.

가끔 어머니 방에서 노랫소리가 새어나왔다. 흘러간 옛 노래의 느릿느릿한 가락에는 띄엄띄엄 한숨이 섞여 있었다. 그런 날이면 어머니의 얼굴이 한결 편안해 보이기도 했지만 나는 불안 속에 찾아든 따스한 평온이 오히려 가슴 아팠다.

어느 날 집안에서도 잘 움직이지 않던 어머니가 이방 저방을 둘러보며 혼수로 직접 골라준 장롱이며 이불을 어루만졌다. 그리고는 뒤 베란다로 가시더니 늘어진 세간을 찬찬히 들여다보며 무슨 생각이 드셨는지

"너는 잘 살고 있으니 잘살 것이다…."

하고 말끝을 흐렸다. 그러고 난 얼마 후 희망 없이 고향집으로 내려가셨다. 그 해 겨울, 기우는가 싶은데 어느새 사라져버린 겨울 해처럼 그렇게 떠나셨다.

성큼성큼 이삿날이 다가오고 있다. 이 집에서의 하루하루가 아쉽다. 어릴 적 야단맞고 숨어서 울던 고향집 뒤란처럼 아늑한 슬픔이 녹아있는 집. 엄마 보고 싶다고 흩어져 살던 육 남매가 모여들어 북적대기도 했고 어머니 생의 끝자락에서 함께 나누었던 정담이 고스란히 배어있다. 이 공간은 내가 살아오면서 가장 힘들었던 시간을 함께했고 웃다가 울기도 많이 한 생과 사가 질펀거렸던 집이다.

이사를 했다. 새로 옮긴 집은 넓고 화장실도 두 개나 딸렸다. 삶의 열정으로 내 집 마련의 꿈을 이뤘다. 아파트 옆구리에는 조용한 산책로를 끼고 있고 입구에는 마당 같은 운동장이 있다. 해거름이면 남편은 미리 마련해두었던 자전거를 타고 아이는 공차기에 신이 나 있다. 나는 산책길을 따라 우편물을 찾으러 전에 살던 아파트 단지로 간다. 벌집 같은 우편함 구멍들이 뭘 찾으러 왔냐고 묻는 것 같다. 주인이 바뀐 우편함, 1403호라는 숫자가 벌써 낯설다. 내 이름자

쓰인 우편물을 추려서 나오다 무심히 살던 집을 올려다본다.

짐 꾸러미처럼 싸매고 올 수 없었던 것들. 지금도 1403호에는 어머니가 누워계실 것 같다. 나는 어머니가 읊조리듯 부르던 노래 〈타향살이〉를 흥얼거리며 눈물이 쏟아질 것 같아 천천히 발길을 옮긴다.

딸꾹질

내 마음 깊숙한 곳에서는 야생의 능구렁이가 배회하고 있다. 그 누구도 보지 못한 오십 년 묵은 노련한 타짜 같은 구렁이가 동네 슈퍼나 대형마트 계산대에서 예고 없이 나타나 당황스럽게 하더니 이번에는 생각지도 않는 카페에서 나타난 것이다. 얼마 전 동네 카페에서 있었던 일을 티브이 개그 프로그램 멘트를 빌려와 직접 연출해 보자면 이렇다.

"우리는 살면서 많은 진실과 마주하게 됩니다. 하지만 여러분이 알고 있던 진실이 거짓으로 밝혀진다면 여러분은 어떻겠습니까? 이런 불편한 진실은 우리 주변 생활에서 쉽게 발견할 수 있는데요, 지금부터 두 손님과 점원의 상황을 잘 보시기 바랍니다." (방송 멘트)

몇 걸음만 옮겨도 각종 브랜드 커피숍으로 즐비한 골목에 가격파괴 커피를 팔고 있는 가게가 생겼다. 그곳은 하루 종일 사람들로 꽉 들어차 있다. 이렇게 꽃비가 내리는 날이라면 틀림없이 자리 잡기란 쉽지 않을 거라 생각하고 문을 열고 들어섰다.

카운터로 다가가 주문을 하고 있는데 같이 간 친구가 화장실을 찾아 건물 밖으로 나갔다. 그 사이 나는 빈자리를 발견하자 반가운 마음에 일단 카운터에서 커피값을 현금으로 지불한 후, 잔돈은 나중에 받기로 하고 자리부터 잡아 앉았다.

곧이어 점원이 커피와 함께 거스름돈을 쟁반에 받쳐 와서 내게 묻는다.

"손님, 아까 제게 만 원 주셨죠?"

"아녜요. 오천 원 주었는데요."

그 때 마주앉은 친구가

"잘 생각해봐…." 한다.

긴가민가해진 내 표정을 점원이 어떻게 읽었는지는 모르지만 두말없이 거스름돈 칠천 원 중 이천 원을 가지고 제자리로 돌아갔다. 그런데 나는 거스름돈을 얼른 거두지 못했다. 왜냐하면 커피가 두 잔에 삼천 원이니 내가 낸 돈이 만 원이었다면 잔돈 칠천 원을 받아야 맞고, 오천 원을 냈다면 이천 원만 거슬러 받으면 맞다.

잠시 후, 그 뻔한 알리바이에도 불구하고 나는 셈을 정확하게 다시 해볼 기회를 갖지 않고 잔돈 오천 원을 슬그머니 가방에 넣었다.

"이들은 왜 이러는 걸까요?"(방송 멘트)

나는 더 많이 받게 된 거스름돈 앞에서 생각지도 않았던 애드리브를 치고 만 것이다. 세상의 질서에 길들여진 '정직'

이라는 대본에는 전혀 없는 장면을 즉흥으로 만들어 낸 것이다. 변명 같지만 그 때 나는 어떤 트릭도 없이 단지 말이 불필요했고, 점원과 다시 셈하기가 불편했으므로 구렁이 담 넘어가듯 넘어간 것뿐이었다.

그런데 달콤씁쓸한 커피를 홀짝거릴 때마다 잘못 삼킨 계산이 딸꾹질처럼 올라왔다. '아, 그 순간 나, 왜 그랬을까….' 참으려 할수록 딸꾹질 간격은 짧아지고 소리는 무장 커졌다. '딸꾹질아, 그만 멈춰다오.'는 안타깝게도 뒤늦게 찾아왔다. 치장된 겉모습이 나의 전부인 양 스스로 만든 허상에 이미 속아 넘어간 후라 진실을 뱉어낼 수도 없다. 뜨뜻미지근한 행동 뒤에 나오는 딸꾹질은 멈출 줄 모른다. 어쨌든, 불편한 이 상황을 주판알처럼 차르륵 털고 다시 놓을 수 있다면 얼마나 좋을까.

푹신한 소파에 몸을 부린 채 TV에 시선을 고정한다. 짜여진 각본이 만들어낸 계산된 웃음인 줄 알면서 따라 웃는다. 웃음으로나마 가벼워지고 싶은데 내 안의 불편한 진실, 딸꾹질이 멈추질 않는다.

니가 있는디 머시

달그락 딸그락 설거지 소리, 화장실 물소리에서 환청처럼 전화벨 소리를 듣는다. 어머니가 돌아가시고 난 후부터 나는 거의 매일 아버지의 전화 시중을 들어오고 있다.

"여그 날씨는 오그라들었다야. 거그도 오그라들었지야?"

"예, 아부지."

"오늘은 전국적으로 날씨가 오그라든단다."

날씨 얘기로 시작해서 특별한 용건도 아니요, 어제가 오늘 같은 소소한 일들을 딸에게 보고하신다. 도라지 껍질 벗겨서 말려 분가루처럼 만들기까지의 이야기, 그리고 할 말이 궁색해지시면 단골 메뉴처럼 텃밭에 상추 배추 모양새까지 줄줄이 딸려 나온다.

아버지께서 술이 얼근하게 취한 날이면 두세 통화는 덤으로 받는다. 평소에 서로 약속이나 한 듯 피해가던 어머니 얘기로 흘러들어 가면 이 통화는 짧아도 삼십 분이라는 예고이다. 자식에게 들려주는 아내 이야기가 술기운으로 상념의 고개를 비틀비틀 넘어간다. 수없이 되감기해서 들어온 외우고도 남을 과거사다. 했던 이야기 또 하게 만드는 소주가 이럴 땐 못마땅하다.

지금 내가 아버지께 해 드릴 수 있는 일이 '들어주는 일'뿐이라고 생각하지만 지루하고 곤혹스러울 때가 많다. 나붓나붓 말 받침을 해 드리다가도 긴 얘기를 차마 자르지 못한 나는 시큰둥한 대답만 이어진다. 내가 들어도 너무 짧아 인색스럽다. 외로움 탓일까. 성의 없는 딸의 음성은 술기운이 무색할 정도로 금방 들키고 만다.

“어디 나가야 쓰냐?” ‘아니’라는 대답을 마치기도 전에“오늘은 그만 들어가거라잉.” 서둘러 전화를 끊으신다. 그때서야 가슴에서 뭔가 싸한 것이 쓸어내린다. 그런 날이면 집안일도 손에 잡히지 않고 취기로 붉어졌을 아버지 얼굴이 자꾸만 떠오른다. 혀 꼬부라진 목소리가 맴돈다. 소주처럼 투명하게 전해오는 아버지의 외로움이 온전히 나의 것이 되지 못한 이유로 스스로 무너지는 날이 된다.

오늘도 어제처럼 전화기에 붙들린다. 마음보다 몸이 먼저 도망칠 궁리부터 한다. 한 손은 전화기를 들고, 한 손은 여기저기 먼지를 소리 나지 않게 문질러 내기도 하고, 책장의 책을 가만가만 옮겨 꽂아 보기도 하고, 또 다른 이야기로 방향이 틀어지면 아예 책을 펼쳐 보면서 건성으로 통화를 한다. 마치 얼굴은 웃는데 눈은 웃고 있지 않는 모습을 하고서.

사람의 본성은 아이를 사랑하고 사람의 교양은 부모를 사랑한다는 말처럼 부모 자식 간의 그리움 사이에는 거리가 있는 것 같다. 부모의 신성한 정에 대한 모독이랄까. 그렇게 전화를 끊고 나면 불편해진 마음을 이런 저런 구실을 만들어 메워보지만 여전히 씁쓸하다.

여러 날 전화가 오지 않을 때가 있다. 그럴 때면 아버지가 솔밭 아래 누워 계신 어머니를 만난 이후이다. 무덤을 향해 무슨 이야기를 나누었을까. 애써 동조를 구할 필요도 없고 대답도 소용없는 지금도 그저 바라보기만 해도 마음이 통하는 그런 사이일까.

나는 얼마 전에 아버지께 미안한 마음과 지루함을 벗어나 보려는 방법을 찾았다. 그것은 아버지의 투박한 사투리를 소리 나는 대로 받아쓰며 통화하는 것이다. 아버지는 별 다를 것 없는 어제와 오늘을 불러 주고 나는 그대로 받아쓴다. 전화를 끊고 읽어보면 새삼 정겹다. 말 한마디 한마디에 아버지의 쓸쓸한 체취가 묻어 있다. 세 딸 중 어머니와 많이 닮았다는 나는 아버지께 말벗 이상의 의미인지도 모르겠다.

긴 이야기를 견뎌내는 것은 아버지에 대한 나의 보잘것없는 애정. 철없는 딸이 수양하듯 받아쓰기하며 전화를 받고 있다는 것을 아신다면 무슨 생각이 드실까. 아마 아버지는 미안해서 전화하시지 않을 거다.

많은 얘기를 쏟아낸 탓도 있겠지만 날이 갈수록 통화 중에 부쩍 침묵이 흐른다. 서로 긴 하품을 주고받기도 하고 간간이 마당에 개 짖는 소리도 끼어든다. 그 공백이 '끊고 싶다.'는 무언의 압력이 될까 봐 나는 뜬금없이

"아부지, 심심하지라우~." 하고 어르듯 말을 건넨다.

"니가 있는디 머시…."

지도에 없는 마을

오랜만에 당산나무를 찾아간다. 나무는 사자산 등성이에서 넘어온 바람으로 배를 채웠는지 동쪽으로 약간 기울어져 있다. 바람이 불자 마을의 내력을 들추듯 나뭇가지가 흔들린다. 철거의 아픔이 돈으로 환산되고 있을 때 당산나무가 먼저 울지 않았을까.

장흥읍 해당리 당정마을이 사라졌다. 산업단지가 들어서면서 동네가 싹 다 갈아엎어졌다. 공장이 들어서기 전, 친정 동네와 처마를 잇대며 살아온 이웃 동네다. 친정집도 철거 대상에 들어갔지만 몇 가옥만 헐리고 가까스로 살아남았다. 구불구불 이어진 옛 학교 길은 검은 아스팔트길로 바뀌었다. 콘크리트가 덮고 눌러도 사라지지 않는 기억 속 조각보 같던 들녘이 생생하다. 어디선가 아이들의 어지러운 발소리가 들리는 것 같다. 책가방을 메고 터덜터덜 걷는 어린 시절이 보인다. 손금 보듯 환한 학교 길을 눈짐작으로 가늠해 본다. 논둑에 무수히 피어나던 콩꽃과 바람에 출렁이던 벼 포기도, 아이들이 텀벙대던 개울과 소 풀 뜯어먹이던 언덕배기도 흔적 없이 사라졌다. 참새들이 모여들던 방앗간과 말뚝박기를 하던 전봇대와 '개조심', '소변금지'라고 크게 쓰인 담벼락도 보상비와 바뀌졌다.

평생 농사밖에 모르고 살던 촌부들은 새신을 신을 기회에 몸을 실었다. 여러 대에 걸쳐 대물림해온 땅이 이리저리 갈라 쳐지고 토막 내졌다. 한푼이라도 더 보상을 받아야했기에 아무 말도 할 수 없었다. 말 한 번 잘못해 보상금이 깎일

세라 조심해야 했다. 개발이라는 것이 나라를 위한 일이라고 했다. 선택의 여지가 없었다는 점에서 운명공동체가 되어 나라가 하자는 대로 했다. 땅이 뒤집히니 흙속의 미물들도 놀라 도망가고 사람들은 보상비 얼마씩에 집을 내놓고 서둘러 떠났다. 부서지고 깨지고 난 집과 문전옥답이 돈이 되어 돌아왔다. 세상물결로부터 자유로울 수 없었을 것이다. 삶은 깨어지기도 하고 이어지기도 하는 것이 아니던가. 건설 현장 같은 모습을 하고 있는 산업단지에 당산나무 혼자 덩그러니 서 있다.

그들은 떠났어도 떠난 것이 아니다. 전국으로 흩어졌던 마을 사람들이 명절 때면 고향을 느끼기 위해 당산나무 아래로 모여든다. 당제를 지내는 대신 막걸리를 말로 가져와 나무에게 술을 먹인다. 사람도 마시고 나무한테도 먹인다. 뭐니뭐니 해도 살던 곳이 좋았다고 설움과 아쉬움을 달래며 담 너머 접시돌림하던 옛정에 취한다. 한 사람, 한 사람이 그리운 산천초목이 되어 하루 종일 굿을 치고 논다. 오랫동안 마을을 굽어 살펴온 나무. 여름에는 논밭으로 오가는 흙투성이 일손을 붙들어 다리쉼을 하게 하고 새참 그늘을 드리워주고 버스를 기다리던 정거장이었는데 지금은 어디쯤이 집터인지 가늠해준다. 큰 그늘을 베풀어준 나무라 생각하니 그림자 밟는 것도 조심스러워 비켜서게 된다.

산업단지에 성큼성큼 해가 진다. 공장에서 퇴근하는 사람들이 쏟아져 나오더니 각자의 방향으로 바쁘게 갈라진다. 내가 고향에 가서 만나고 온 것은 살풍경이 아니라 기억이다. 지도에 없는 마을은 여전히 거기에 있었다. 이웃 없이는 고향을 떠올리지 못하고 당산나무를 통하지 않고는 고향으로 갈 수 없기에 때문이다. 유일하게 살아남은 당산나무는 목숨을 이어오는 동안 얼마나 많은 운명의 강을 건너왔을까. 덧씌워져만 가는 포장도로에서 까치집 머리에 이고 사람들을 기다린다.

산업단지 오리공장 악취를 묵묵히 막아내고 서 있는 고목은 늙고 지쳐 보인다. 흔들리는 잎들이 어서 돌아가라는 손사래 같고 바람으로 등허리를 쓸어 잘 가시라, 인사하는 것 같다. 뿌리가 휘고 검버섯이 피고 옹이가 멍울져 있지만, 여전히 큰 그늘을 짓고 있는 당산나무는 고향에서 노구의 몸으로 자식을 기다리고 있는 아버지와 닮았다.

입소문

해남양반은 동네 감골댁과 눈이 맞았다. 소문은 좀처럼 누그러지지 않고 점점 살이 붙어가며 퍼졌다. 동네에 짝짜그르하니 소문이 퍼졌지만 당사자들만 모르고 있었다. 해남양반은 아버지 어머니도 모른 채 세상에 던져졌다. 어릴 적부터 남의 집 머슴살이를 하며 자랐는데 총각 때는 제법 힘을 쓰는 일꾼이었다. 주인집에 한쪽 눈이 먼 딸이 있었는데 마땅한 혼처를 찾지 못한 주인은 성실하고 손재주가 남다르던 그에게 딸과 혼인해 주면 논 서 마지기를 주겠다고 했다. 그는 눈먼 처자에게 장가를 들었다. 주인집 딸은 성품과 행실이 올곧았다.

뇌진탕으로 쓰러진 그의 아내는 요양병원에 누워있었다. 바람난 남편의 소문은 그녀의 귀에도 들려왔는데 감골댁과는 평소에 동기간처럼 지냈던 사이라 야속한 마음이 앞섰지만 한편으로는 집안일도 해주며 자기 빈자리를 채워주는 것 같아 그러려니 여기며 마음을 누그렸다. 남편이 여색을 탐하여 열 첩을 들인 것도 아니요, 감골댁이라면 선량하고 부지런하길 동네가 다 알지 않는가. 그녀도 한때 아들 딸 낳고 더러 살맛나는 대목이 없는 건 아니었다. 한마음 한뜻으로 아이들을 기르고 농사를 지으며 살림도 불리고 즐거움을 함께 나누었다.

병든 조강지처가 살아있기에 연애 소문은 뜨거웠다. 남편과 사별하고 혼자된 감골댁은 일흔이 넘었지만 아직 고운 데가 남아있는 여자였다. 해남양반은 경로당이나 마을 회관에서 감골댁을 만나면 시치미를 떼고 데면데면하다가도 밤이 되면 그녀의 문간방을 들락거렸다.

두 노인네의 연애 소문이 단물 빠진 칡뿌리 씹듯 흐지부지되고 말았을 때였다. 하루는 동네 김 씨가 길 가던 해남양반을 보고 "감골댁이랑 재미 좋소?" 하고 농을 걸었단다. 그러자 그는 "이런 씨부랄 늠을." 하고 김 씨의 귀싸대기를 사정없이 후려쳤다. 아내가 버젓이 살아있는데 늘그막에 바람 난 자신의 낯부끄러운 심사를 단단히 꼬불쳐두었던 것일까. 얼마나 내둘러 쳤는지 김 씨의 앞니가 나가버렸다. 동네가 다 아는데. 알다 뿐인가. 마을 구멍가게에서 날마다 잔술을 돌리는 사람들은 뉘 집 개, 방귀 뀐 얘기까지 하는 판에 어찌 누구라도 내비치지 않을 수 있었겠는가.

그는 우리 동네 예인藝人이었다. 머슴살이할 때부터 길 굿 상쇠잡이였는데 한때 읍내 군청으로 불려 다녔다. 군민의 날이면 마을마다 농악대들이 풍물대회에 참가하려고 탐진강 아래로 모여들었다. 해남양반도 동네 풍물패를 거느리고 길을 나섰다. 본격적인 대결이 벌어질 때면 그는 상모에 달린 열두 발, 종이띠를 돌리며 몸을 뒤집어 도는 재주를 부렸다. 상모를 절묘하게 휘둘러 풀었다 감고, 감았다 풀었다. 구경꾼들이 그를 향해 환호성을 질렀다. 상쇠의 꽁무니를 따라 손발을 척척 맞추며 치달리던 장고와 소고꾼들도 흥이 올랐다. 그에게 상쇠 노릇은 자기만이 운행하는 자유로운 항로였다.

그런 그가 언제부터인지 상쇠잡이할 때 신명의 불길이 솟아야 할 순간 사그라들었다. 꽹과리를 치며 풍물패를 잘 이끌고 가다가 무엇에 홀렸는지 장구 깨진 무당같이 뻣뻣이 멈춰서 방향을 잡지 못하는 것이었다. 구경꾼들이 바람난 소문을 듣고 자신을 향해 빈정대고 조롱하는 것 같아 앞을 뚫고 나갈 수가 없었다는 것이다. 으레 앞장서야 할 상쇠가 발을 떼지 못하니 풍물패들은 우왕좌왕 어찌할 바를 몰랐다. 아무리 애써도 허깨비 같은 것이 발목을 놔주지 않더란다. 영문을 모르는 사람들은 소 궁둥이에다 꼴망태를 던지듯 상쇠에게 한 소리씩 하며 뿔뿔이 흩어졌다.

그의 상모 꼬리는 소문의 혓바닥처럼 땅바닥에 늘어졌다. 세상이 변했다고 해도 어찌할 수 없는 수치심이 솟았다가 가라앉기를 반복했는데 과부댁하고 살면서 생긴 병인 것만은 확실했다. 그가 상쇠잡이를 접자 마을 사람들로부터 이해받지 못하는 사람이 되어갔고 식전부터 마시기 시작한 해장술이 저녁술로 이어졌다. 술에 취해 유랑자같이 길바닥에 드러눕기도 했다. 감골댁도 입소문에 시달리다 마을을 떠났다.

예나 지금이나 입소문은 형체가 없기 때문에 두렵고 무서운 것일까. 보이지 않는 허깨비에 잡혀 한 사람의 재주가 꺾인 것 같아 안타깝다.

따가운 시선

“여보세요, 다 보여요.”

앞뒤 잘린 느닷없는 말이었다. 여자의 눈길 따라 고개를 수그리자 가슴골이 들여다보였다. 마주앉은 여자는 마치 보지 말아야 할 것을 보고 만 것처럼 나를 향해 따갑게 눈을 흘겼다. 그녀는 내가 즉시 앞가슴을 여미길 바라는 눈치였지만 나는 아무런 행동도 취하지 않았다. 사실 그녀의 말에 움찔했지만 얼굴에 민망한 표정이 드러나지 않길 바라며 태연한 척 앉아 있었다.

때는 한여름이었고, 바깥이 마치 비닐을 씌운 온실 같았다. 작가 탐방을 다니는 문학기행중 일행들과 좁은 식당에서 식사를 하는 자리였다. 몸에 뭔가를 걸쳐야 한다는 것 자체가 거추장스러운 날씨였다. 내가 모르는 사이 목선이 많이 파인 브이넥 셔츠가 사람들 앞에서 입을 가리지 않고 쩍쩍 하품을 해댔던 것이다. 들썩이는 옷자락도 공기를 들이마시는 심호흡처럼 몸의 한 반응이라는 생각이 들었다.

앞섶을 잘 단속하라는, 화살촉처럼 날카롭게 나를 겨냥하던 말이 과녁을 빗나갔다고 생각했지만 속이 화끈거렸다. 찌는 여름에 이 정도 노출이 대수냐, 하면서도 떨떠름한 기분은 어쩔 수 없었다. 시선에 시달리느니 차라리 무난한 옷으로 마음을 안심시키는 편이 더 낫지 않았을까 싶었다. 가뜩이나 남녀가 함께한 자리에서 조심성 없었다는 생각에 마음이 무거워졌다. 글쓰기에서도 과감하다 못해 속살이 훤히 드러나 보일 때가 많다.

종종 다니는 지역 도서관에 가면 또 다른 내가 얌전히 꽂혀있다. 한참 이책 저책 책의 속살을 눈요기하듯 탐닉하다 지역에서 발행한 동인지를 들춰본다. 여러 사람이 읽고 갔다는 흔적인지, 겉표지가 채 닫히지 않는 문처럼 약간 들썩여 있다. 내 글을 찾아 새삼 눈을 비비고 읽어본다. 떠듬떠듬 풀어쓴 나. 이게 정말 나일까 싶다. 겉치레로 멋을 부려놓은 감상의 나열이 부끄럽다. 하지 않아도 되는 말과 해봐야 좋을 게 없는 대목들이 눈에 띌 때면 책 속에 문장들이 수정 불가피한 문신이라는 생각이 든다.

거리에 나서면 유행의 물결은 현란한 흐름 속에서 사람들의 욕망을 싣고 간다. 팬티 같은 반바지, 소매 없는 쫄티, 가릴 곳만 마지못해 가린 것 같은 차림에 즉각 시선이 꽂힌다. 짧은 핫팬츠 위에 헐렁하고 긴 티셔츠를 덧입어 아래옷을 입지 않는 것처럼 보이는 '하의실종' 차림을 볼 때면 뭔가 더 엿보고 싶은 기분에 말려든다. 옷과 옷 사이의 틈으로 언뜻언뜻 드러나는 살은 노출인 듯 노출이 아닌, 보여주기 위한 숨김일까. 아른아른 내비치는 시스루 차림을 볼 때면 부는 바람이라도 거들어주었으면 할 때가 있다.

사람마다 입고 있는 옷이 드러내고 싶은 욕구이듯이 글쓰기도 마찬가지인 것 같다. 여러 편의 글을 자꾸만 쓰고 싶은 마음은 여러 이미지의 옷을 입혀 자신의 내면을 드러내고 싶은 욕구일 것이다. 시, 소설과 달리 수필은 사실의 경험을 직접 작품의 제재로 삼는 양식의 문학이다. 태생적으로 자신을 드러내지 않고는 눈길을 끌기 어렵다. 그렇다고 하고 싶은 말을 다 할 수는 없다. 나도 모르게 내뱉는 말이 드러낼 수 있는 그 이상을 드러내고 말아 볼썽사나워지기도 한다.

레드카펫을 밟는 여배우들을 보면 젖무덤이 드레스를 능가할 때가 많다. 시선을 어디에 둘지 모르게 하는 대담한 노출이 때론 당당한 자기표현으로 보여 아름답다. 그들은 몸을 굽혀 공손히 인사할 때 하나같이 손바닥으로 가슴을 여미듯 누른다. 오늘도 나는 모니터 앞에서 그 손길 같은 드러내기와 감추기 사이에서 갈등하고 있다.

삶의 가치를 증언하는 낮은 목소리

– 전미란의 수필세계

엄현옥
(수필가, 문학평론가)

1.

전미란 수필가는 2002년 《수필과비평》으로 등단했다. 그간 작가만의 특유한 발상과 기법으로 대상에 대한 명징하고 참신한 의미를 부여한 작품을 여러 문예지에 발표해 왔다. 새로운 언어를 창조하는 것만이 문학의 전부가 아닐 터, 전미란은 자신만의 프리즘으로 세상을 바라보고 예리한 감수성을 살린 표현과 언어의 조탁彫琢에 탁월하다. 단순한 일상적 언어와의 만남을 벗어난 그간의 발표작들에 대한 평자들의 관심을 끌어왔으며, 2018년에 이어 금년에도 〈The 수필〉에 한 해를 빛낸 수필가로 선정된 바 있다.

전미란 수필은 소재의 특이성과 참신한 발상과 전개가 낯설다. 〈내 사랑 문 씨〉, 〈이별의 방식〉, 〈다음 정류장〉, 〈사이코 드라마〉, 〈웃는 돼지〉, 〈수직 골목〉 등에서와 같이 대상을 바라보는 시각과 표현해 나가는 서술 양식도 다양하다. 흔히 떠올리는 형식적인 낯설게 하기를 넘어선 주제나 제재에 따라 그에 적절한 표현 구조를 달리하여 기존의 수필에 익숙한 독자에게 신선함을 안겨준다.

전미란의 첫 번째 작품집인 《이별의 방식》은 5부로 묶인 40편의 수필로 각 장章의 소제목부터 시선을 끈다. '같이 산다고 다 사랑은 아니야', '생의 주름살 같은 계단', '미워도 미운 것만은 아니고' 등의 소제목은 작품의 제목이 아닌 〈이별의 방식〉, 〈서랍 계단〉, 〈웃는 돼지〉 등에서 발췌한 작품의 한 구절이다. 참신한 배치다.

《이별의 방식》의 모티프는 크게 몇 가지로 분류할 수 있다. 전남 장흥이라는 원형적인 공간 체험을 중심으로 작가의 과거와 현재에 대한 삶의 공간에 대한 인식, 성장기의 에피소드를 소환하여 단순한 재현에 머무르지 않고 현재의 자아를 성찰한다. 문학에 다가가기까지의 열정을 진솔하게 담아냈는가 하면 도시 소시민으로의 체험과 물질문명을 간접적으로 비판한다.

전미란은 전통적인 수필의 형식을 답습하기보다는 도전적인 발칙함으로 독자들을 낯선 상황으로 흡인한다. 이 과정에서의 표현 구조의 미학을 부단히 적용하여 감동을 극대화한다. 이는 "무엇인가를 새롭게 시도한다."라는 수필의 시론試論적 어원에 충실하다. 거기에 더해 장르를 초월하려는 의지가 담겨있다. 전미란 수필의 모티프와 플롯에 대한 남다른 시도는 기존 수필에 대한 모반이며 독자의 호기심을 유발한다.

인간에 대한 이해에서 출발한 전미란의 수필은 작가의 일상적 체험을 바탕으로 한 언어미학과 미적관조의 산물이다. 하이데거에 의하면 예술의 본질은 단순한 모방과 재현이 아닌 사건을 일으키는 데 있다고 했다. 작가는 자신의 잊힌 존재를 찾아내거나 존재 망각의 상태를 자각하게 한다.

피아노와의 인연을 악상기호를 불러들여 남편과의 조율 과정을 묘사하거나(〈이별의 방식〉), 문학을 의인화한 문 씨와의 불륜을 공공연하게 공개하는가 하면(〈내 사랑 문 씨〉), 권태라는 생활 쓰레기를 버리러 온 자신의 속내를 마네킹에게 들키고(〈마네킹〉), 버스 정류장의 안내 방송을 따라 로드무비처럼 시공간을 초월한 과거를 소환한다.(〈다음 정류장〉)

더불어 작가의 개인적인 체험과 사물에 대한 인식을 개성적으로 드러내기 위한 문장은 함축적이며 간결하고 선명하다. 작가 특유의 톤으로 삶의 가치를 증언하는 낮은 목소리에 귀기울여 보기로 하자.

2.

표제작 〈이별의 방식〉은 기존의 악상기호에 작가 나름의 의미를 부여한 소주제로 구성되었다. 음악의 내용을 전달해 주는 데 절대적 역할을 하는 악상기호는 작곡가와 연주자 사이의 약속이다. 결혼 생활은 악보는 물론 악상기호나 치밀한 약속하에 시작되지 않는다. 삶이 우리에게 내민 오선지에는 음표도 없다. 결혼 생활의 불협화음과 그 과정에서 위로가 되었던 피아노와의 회고담을 낯선 방식으로 구성했다.

〈이별의 방식〉은 악상기호를 해석한 '감정을 갖고'–'마음 내키는 대로'–'조용하게 쉿!'–'애처롭게'–'애정을 담아'의 순으로 소제목을 구성했다.

피아노는 자유로운 재즈 음악처럼 형식에 구애받지 않고 자유롭게 지내던 작가가 '폼나게'가져온 혼수다. 각기 다른 환경에서 성장한 성인이 만나 한 가정을 꾸리며 겪었을 시절, 그 과정에서의 갈등과 조절은 필수다. 미처 반음까지는 헤아리지 못했던 시절, 피치의 높낮이에 의한 플랫(♭)과 샵(#)의 미세한 차이가 감지되지 않아 주어진 악보는 버겁기만 했다.

남편과의 불협화음은 똑같은 마디에서 자꾸 걸렸다. 서로 스타카토처럼 뚝뚝 끊어 감정을 표현했고 크레센도로 들볶았다.

음은 같지만 라의 플랫과 솔의 샵을 누를 때 마음가짐이 달라야 한다는 것을 젊은 새댁은 몰랐다. 주어진 악보를 읽는 일도 버거웠고 품을 여유도 없었다. 산다는 것이 벙어리장갑을 끼고 건반을 치는 것 같았다.

—〈이별의 방식〉 중에서

접점을 찾지 못했던 남편과의 불화는 '스타카토'로 끊어지다가 '크레센도'로 들볶았다. "벙어리장갑을 끼고 건반을 치는 것 같았던" 시절이었기에 음 고르기가 절실했다. 조율調律은 흐트러진 음을 바로잡고 다른 피치와 더불어 조화를 이루고 정확한 음을 위한 작업이다. 인간관계에서의 조율 역시 다르지 않다. 타인은 물론 가족 간의 관계에서도 마음의 조율은 필수다. 마음의 조율을 거친 다음 챕터의 소제목은 '원래 빠르기(a tempo)'로 정착하지 않을까.

악상의 작은 마디와 도막들은 다음 마디 연결을 고려하지 않는 마디는 단 하나도 없었다. 양팔은 마치 서로 다른 몸인 양 완전히 독립적이어야 했다. 견고한 시간의 마디를 건너기 위한

연습이란 자신의 부족함을 반복적으로 자각하는 일이었다. (중략)

사랑했으나 아름답게 보내주지 못한 내 사랑. 잘 가라. 그리고 같이 산다고 다 사랑일 거라고 생각하지는 마. 나는 이제 익숙해지는 것을 못 견딜 뿐이야. 나의 이별 방식은 놓아주는 사랑이다.

—〈이별의 방식〉 중에서

작가는 일상에서 자신의 격정을 다스려준 악기 이상의 관계였던 피아노를 처분하게 된다. 사회 구성의 최소 단위인 가정에 안착하기까지 애환을 함께 나누고 묵묵히 지켜보던 피아노를 보내는 작가의 심사는 착잡하기만 하다. 마침내 같이 사는 것만이 사랑은 아니며, 놓아주는 이별 방식에 따른다. 전미란의 이별공식은 비단 애착 물품에 국한되지 않는, 대상이 어떤 형태로 맺어진 인간관계에서도 유효한 공식이다.

피아노 연습은 자신의 부족함을 자각하고 '견고한 시간의 마디를 건너기 위한' 과정이었음을 알게 된 작가의 시간에 대한 철학적인 물음은 본격적으로 시작된다.

3.

인간의 삶은 시간의 생성물이다. 시계는 시간의 허상일 뿐, 인간은 저마다 자신의 경험에 의해 스캔한 시간을 기억에 저장한다. 〈지금 몇 시냐〉는 괘종시계의 태엽을 열심히 감았으나 정작 시계를 보지 못했던 유년기의 에피소드를 도입부로 하여 임종을 앞둔 노모의 시간에 대한 집착 등을 화자의 단순한 회상에 머무르지 않고 시간에 대한 의미에 천착한다.

고통으로 느리게 시간이 휘어지던 어느 날, 어머니의 몸이 퉁퉁 부어올랐다. 의사가 오늘을 넘기기 어려울 거라고 했다. 링거액이 초침처럼 다급하게 떨어졌다. 강한 진통제에도 통증이 잦아지지 않았다. 아파도 소리를 내지 않는 성정을 지닌 어머니는 병실에서 죽고 살아나기를 반복하셨다. 잠깐 눈이 감겼다가 뜨일 때마다 “지금 몇 시냐?”고 또 “몇 시냐?”고 자꾸 물으셨다. 물음의 간격은 갈수록 짧아졌다. 그러다 어느 순간부터 말을 잃고 시계만 망연히 쳐다보셨다.

―〈지금 몇시냐〉 중에서

시간 속에서 살아가는 존재에게만 시간이 있다. 철학자 칸트가 “시간은 직관의 형식이고 모든 인식의 전제 조건이며, 순수통각이라는 의식의 자기인식”임을 설파한 것은 18세기의 일이다. 시간 속에 살아가는 존재로서의 인간을 언명한 철학자의 시간에 대한 사유는 현재에도 유용하다.

인류 문명의 역사는 시간의 흐름에 적응하고자 노력했던 역사였다. 고대 철학사에서부터 지금까지도 무수히 많은 철학자들이 시간에 대해 고민하고 사유하고 나름의 규정을 내리기도 했다. 시간 개념은 철학이 사유의 방향을 설정하는 데 있어 가장 큰 영향을 끼쳤음에도 여전히 시간이란 무엇인가에 대한 물음은 오히려 미궁 속으로 우리를 끌고 간다.

어머니는 절대의 시각 앞에서 몇 시냐, 또 몇 시냐고 왜 그렇게 시간을 물어 왔을까. 가파른 생의 내리막에서 어떤 시간이 필요했을까. 째깍거리는 현실의 시각이라고 하기엔 거리가 멀게 느껴졌던 물음. 시간을 터득하지 못했던 유년처럼 나는 지금도 어머니의 물음에 대한 답을 얻어내지 못하고 있다.

—〈지금 몇시냐〉 중에서

꺼져가는 생명의 불씨 앞에서 어머니는 "지금 몇 시냐?"는 물음을 반복한다. 어머니의 물음에 담긴 시간의 정체는 기간인지 시각인지 모호하다. 과거부터 미래로 일정 속도로 기계적으로 흐르는 인간 역사 속에 흐르는 크로노스(kronos)의 시간과 의미 있는 특정 시간으로 주관적인 카이로스(kairos) 시간의 경계에 놓인 어머니의 물음은 오랫동안 작가를 놓아주지 않았다.

어머니의 임종을 지키지 못했다는 자책과 회한도 엇갈린 시간 때문이다. 우리의 삶과 빈틈없이 결합되어 있는 시간은 아이러니하게도 그 의미가 손에 잡히지 않는다. 어쩌면 시간을 철학적으로 사유하고 정체 규명을 위해 덤벼든 것이야말로 무모한 일인지 모른다.

시간이라는 화두로 과거와 현재를 넘나드는 진행과 참신한 표현력이 돋보이는 〈지금 몇 시냐〉는 어머니의 죽음을 계기로 명확한 대답과 사유하기도 어려운 시간의 의미를 파악하지 못한 채 살아가는 자신과 우리 모두에게 작가가 던진 물음이다.

"아저씨, 이 차 어디로 가요?"라는 단순하고 흔한 물음을 화두처럼 내던진 〈다음 정류장〉은 로드무비 식으로 진행된다. 다짜고짜 버스 노선을 묻는 승객에게 운전기사는 대꾸할 의무를 찾지 못한다. 별도의 안내 방송이 친절하게도 다음 정류장까지 알려주기 때문이다.

작가는 신월동을 지나 마포를 거쳐 광화문에 이르기까지 경유하는 버스에 탑승했다. 정류장의 안내 방송을 소주제로 하여 동승한 여성들은 지리멸렬한 자신의 일상을 여과없이 토로한다. 정류장에 이르는 동안 시공을 거스른 작가의 회고가 이어진다.

> 깊은 숨을 내쉬며 신촌 거리를 유심히 바라본다. 대학가라 그런지 거리가 젊음으로 활기차다. 젊음의 진원지 같은 이곳을

지날 때마다 잘 낫지 않는 상처처럼 묵은 기억이 되살아난다. 살아오면서 관통했던 많은 정류장 중에 가장 초라하게 통과했던 열일곱 살 정류장. 멀리 떠나보낸 줄 알았던 좌절의 시간들이 졸음처럼 쏟아지며 차창에 부딪힌다. 나에게 허용되지 않았던 경계를 얼마나 넘고 싶어 했던가. 탈 때는 목적을 향해 가고 싶었지만 잘못 올라탄 것 같아 중간에 수없이 내리고 싶었다.

―〈다음 정류장〉 중 '다음 정류장은 홍대입구입니다.'에서

(중략) 언제나 다음엔 더 잘하고 싶었다. 다음이라는 정류장에는 늘 희망이 먼저 와 기다리고 있었다. 다음, 이 다음이 있기에 다시 시작할 수 있었고 앞으로 나아갈 수 있었다. 그렇게 다음들이 쌓여 가는 사이 이마와 눈가엔 주름살이 늘고 흰머리도 생겼다. 사는 일이 수많은 정거장을 거치는 것과 같다면 난 지금 생의 어느 지점을 통과하고 있는 것인지.

다음 정류장을 향해 막 출발하려던 버스가 끼익, 브레이크 소음과 함께 급정거를 한다. 승객을 태우기 위해 문이 열리자, 뒤늦게 뛰어온 한 중년여자가 외치듯 묻는다.

아저씨, 이 차 어디로 가요?

그 많은 노선을 다 말해 달라는 거요? 지금?

—〈다음 정류장〉 중 '다음 정류장은 안국역입니다.'에서

시간이라는 개념에서 '지금'을 말하는 순간 지금은 과거가 된다. 이어서 미래가 된다. 지금은 있되 지금 없는 시간 앞에서 인간은 불가사의한 모순에 빠진다. 전미란 수필 속의 시간은 객관적이거나 직선이 아니다. 시간은 작가의 의도에 따라 과거와 현재를 넘나든다. 여성 승객이 운전기사에게 던진 "아저씨, 이 차 어디로 가요?"에 응수하는 운전기사의 "그 많은 노선을 다 말해 달라는 거요? 지금?"은 선문답으로 들린다.

그들이 주고받은 질문을 툭 내던지고 작가는 슬며시 자리를 뜬다. 어디로 가는지 행선지를 알지 못하는 현대인에게 조곤조곤 삶의 노선과 정류장을 알려줄 사람은 없다. 단순한 버스 노선에 대한 질문을 넘어 삶에 대한 모호하면서도 근원적인 질문으로 읽힌다.

삶의 회로를 파악하는 일은 누구에게나 난해하다. 가시적으로 파악되지 않고 예측이 불가한 불확실성의 시대를 살아가는 인간이 그런 질문에 답하는 일은 난감하다. 풀지 못할

수수께끼인지도 모른다. 흘러간 강물에 두 번 발을 담글 수는 없듯이 흐르는 시간 역시 거스를 수 없다. 다가오지 않은 '다음' 이라는 추상적인 단위의 행로와 의미 찾기는 삶이 출제한 난해하고 영원한 미제가 아닐까.

4.

자기를 내세우기보다는 뒤란에 숨어들기를 즐기던, 수동적이며 소극적 성향이 강했던 작가의 유년은 오늘날의 작가를 만든 정서적 토양으로 작용한다. 〈생손앓이〉, 〈그 이야기 했던가〉, 〈흙 보풀〉, 〈서랍 계단〉 등 성장소설을 연상케 하는 기법으로 서술자아가 경험자아의 경험에 개입하여 삶에 대한 작가의 관점을 들려준다. 전미란은 경험자아를 단순히 회상하거나 기억에 의한 경험세계를 기록하는 것이 아니라, 서술자아의 관점에서 과거 경험을 재구성하고 해석한다.

학창시절 친구로 인한 트라우마는 〈생손앓이〉에 담겨있

다. 작가는 고향을 떠나 작은 읍내의 고등학교에 진학한다. 그 때 누구나 선망하던 우등생 K가 다가왔다. 방과 후에도 작가의 집에 머물거나 함께 시간을 보냈다. 자신의 밀린 공부도 마다하고 작가의 문제 풀이까지 도와주었다. 어느 날부터 K가 변했다. 2학년이 되자 다른 우등생들과 어울리기 시작한 K와 다른 친구들의 대화를 우연히 엿듣게 된다.

"내가 진짜 이런 말까지는 안하려고 했는데, 붕어처럼 눈은 툭 튀어나와 가지고 멍청한데다 행동은 또 얼마나 굼뜬지 맹추 같다니까. 그깟 매니큐어 하나 던져주니 좋아하는 꼴이라니…."

키득거리는 그들의 웃음소리를 들었을 때 나는 빨리 그 자리를 도망치고 싶을 뿐이었다.

매니큐어로 감춰놓았던 손톱이 덧나기 시작했다. 자르고 싶어도 자를 수 없었다. 손톱깎이 날이 닿기만 해도 아파서 건드릴 수가 없었다. 나는 욱신거리는 통증처럼 그 애의 무심한 태도와 종잡을 수 없는 변덕을 참아내고 있었다. 변한 건 K만이 아니었다. 나 또한 묘한 감정이 생겼다. 손톱으로 그 애를 할퀴면 시원해질 것 같았다.

―〈생손앓이〉 중에서

관계에 미숙하고 소외감을 느꼈던 학창시절의 작가는 친절하게 다가왔던 친구에게 의지했으나, 그로부터 받은 상처로 인해 자신의 의지와 무관한 상황에 내던져진다. 믿었던 친구에게 고작 손톱의 의미로 여겨졌으리라는 정서적 배신감의 서술과정은 작품에 생명을 불어넣었다. K의 배신에 작가가 취한 행동은 정면 돌파가 아닌 견디기였다. 그러구러 손톱은 빠져나갔고 새 손톱을 기다리며 졸업을 하게 된다. 친구에게 '손톱이 아닌 심장'이고 싶었던 과거는 쉽사리 지울 수 없으리라.

돌이켜보면, 당시 내가 진짜 두려워한 건 따돌림이 아닌 못난 '나'였다. 모든 것을 다 드러낸다고 해서 친밀해지는 게 아니었다. 열등은 상처받기 쉬운 약점이라는 것. 약점은 변형된 채 자리 잡은 엄지손톱처럼 감춰야 한다는 것. 모자라는 점을 공유하면 편해지기도 하지만 때로는 무시당하는 걸 감수해야 한다는 걸 알게 되었다. 급수와 성적에 의미를 두던 고등학교 시절. 세상이 말하는 상위권 무리에 낄 수 없었던 소외감…. 그리고 팽개쳐짐…. 친구에게 나는 손톱이었다. 잘라내도 아프지 않고 더 이상 필요하지도 않고 귀찮아서 휴지통에 넣어야 하는 손톱. 난 그녀에게 손톱이 아닌 심장이고 싶었다.

—〈생손앓이〉 중에서

문학작품에 담긴 성장 서사는 무의미한 고통은 없다는 믿음에서 시작된다. 자전적인 서사 안에는 성장을 위해서는 그런 과거도 필요했으리라는 어느 정도의 확신도 있다. 그런 과정이 때론 자기연민을 낳기도 한다. 그런 과거를 감당했던 자신에 대한 연민이다. 그러나 자신이 피해자라는 가정은 피해의식을 강화시키고 스스로를 무기력하게 만든다.

자기연민은 작가를 끊임없이 상처받은 나로 환원시키기 때문이다. 상처는 후빌수록 덧나지만 그렇다고 과거를 완벽하게 봉합할 수도 없다. 한 사람의 생애에는 과거와 현재, 미래 중첩되어 있기에 어느 하나도 분리될 수 없다. 상처를 포함한 과거는 작가를 입체적 존재로 기억하게 한다.

온전히 드러낼 수 없는 내면의 상처는, 치료 가능한 손가락의 염증에 비해 치유가 어렵다. 트라우마는 스스로 통제할 수 있을 때 삶의 소중한 자원이 되지만 통제력을 상실할 때 삶의 걸림돌로 작용한다. 대부분의 사람들은 그것을 제대로 바라볼 기회조차 갖지 못한다. 양쪽으로 갈라져 풍뎅이 등을 연상시키는 엄지손톱에 대한 도입부와 날고 싶은 결미의 대비는 수미상관의 성립으로 작품에 의미 부여와 안정감을 더해준다.

우리 시대의 유년이 그러했듯이 부모의 절대적인 지지와 관심에서 비켜선 대가족제도 하에서의 어린 여아들은 우선 자신감이 결여되어 있기 마련이다. 작가도 예외는 아니다. 〈그 이야기 했던가〉는 다소 여유롭고 능청스러운 제목과는 달리 야뇨증으로 인해 난감했던 어린 시절을 소환한다.

있잖아, 그러니까 이건 나의 이야기야. 식구들이 한방에서 잠을 잤는데 사흘이 멀다 하고 오줌을 쌌어. 낮에는 나뭇가지로 흙바닥에 그림을 그리며 놀다가 밤이면 이부자리에다 그림을 그렸지. 들로 냇가로 쏘다니던 날엔 곤한 잠에 빠졌어. 그런 날이면 꼭 질펀하게 오줌을 쌌어. 한밤중에 깜짝 놀라 깨어 보면 몸이 축축한 찰흙덩이 같았어. (중략)

지금도 형제들 사이에 오줌싸개라는 별명이 남아있어. 쫓겨

난 새벽 마당에서 별 본 일 없었던 것보다 별 본 일 있었던 사실로부터 자유롭진 않아. 엄마가 서랍 속에서 뽀송뽀송한 마른 옷을 꺼내 주기만을 간절히 기다렸던 밤들이 가끔 떠올라. 기억은 가는 게 아니고 자꾸 마렵 듯 오는 것 같아. 이제 내 안의 늦된 아이에게 말해주고 싶어. 이건 너만이 겪은 일이 아니라고. 그러니까 너는 다시 태어날 필요없다고 말이야.

—〈그 이야기 했던가〉 중에서

작가는 야뇨를 피하고 엄마의 호통에서 벗어나고자 밤이면 수분이 없는 반찬만을 섭취했다.그 정도로 자각이 남달랐으나 차도가 없던 야뇨증은 일종의 강박으로 보인다. 벗어나려 할수록 따라붙던 야뇨증은 정상적인 사고가 가능하며 심지어 꼼꼼하고 공부도 잘하는 아이일지라도 시달리는 경우가 많다. 오줌싸개 아이를 질책하거나 수치심을 주는 일은 아무런 효과가 없었다. 그 무렵 엄마는 농사일과 대가족의 살림살이, 객지에 나가 있던 남편의 뒷바라지, 자녀 양육 등에 지친 상태였기에 야뇨증의 뒤처리는 만만찮은 스트레스였으리라.

유년을 묘사한 작가의 행간에는 어린아이에게서 보기 드문 쓸쓸함과 외로움이 묻어난다. 마음 안과 밖의 정경에 민감했던 어린 시절 엄마의 관심과 칭찬을 갈구하던 아이에게는 반복되는 야뇨증과 질책은 도리어 증세를 키웠으리라. 또래에 비해 한 영역에서 늦되었을 뿐이었음을 자각한 작가가 자신의 경험을 회상하면서 현재의 자아를 성찰한다.

작가의 기억을 매개로 고백을 통해 경험의 실체성을 약화시키고 주관적인 의미구성체로 전환시킨다. 전미란은 기억 속에 계속 남아있기 마련인 성장기의 트라우마를 '스스로 말하기'를 통해 지금 이 자리에 존재함을 직시한다.

이 과정에서 흔히 빠지기 쉬운 지나친 미화나 부자연스러운 전환은 없다. 삶에 대한 보편적인 태도는 전미란 수필의 가치를 결정하는 중요한 단서로 작용한다.

5.

의인화의 진수를 보여주는 〈내 사랑 문 씨〉는 문 씨로

칭하는 문학과의 내적인 심리와 열애의 과정을 의인화하여 묘사한다. 사랑이라는 감정은 그 대상이 다른 사람에게는 사랑을 허가하지 않기를 바라는 독점의 욕망이 내포되어 있다. 그렇다고 특허청에 상표 등록을 하듯 일방적으로 선점해버릴 수 없는 감정이다. 여성 작가가 문학을 남성으로 내세우고 긴장감을 유지하며 넘나드는 불륜의 은유는 도발적이면서 매우 적절한 표상이다.

문 씨 주변에는 그를 흠모하는 사람들이 널려있다. 그래서인지 문 씨와의 그 죽을 놈의 사랑에는 평생 긴장이 필요하다는 것쯤은 알고 있다. 전미란은 어느 날 낭독무대에서 누구에게도 발설하지 못한 미스터 문과의 은밀한 사이를 발설한다. 작정하고 사랑하리라는 선포에 다름아니다.

한때는 짝사랑인가 싶어 외로웠습니다. 그런데 당신은 나를 향해 찡긋 웃어주기도 하고 많은 사람들과 길을 걸을 때 등 뒤로 몰래 내 손을 가져가 꼭 쥐여 주기도 했습니다. 더 솔직해지겠습니다. 둘만이 어두운 골목을 걷게 되었을 때 담벼락에 저를 바짝 세워 놓고 달콤한 입맞춤을 해 주기도 하였지요. 당신을 만나고 나서야 자신이 다른 존재가 되길 간절히 바라왔다는 것을 알게 되었어요. 뒤늦게라도 당신을 만난 게 얼마나 행운인지요.

—〈내 사랑 문 씨〉 중에서

혼자서 냉가슴 앓다가 마침내 공개 연애를 선언한다. 그렇다고 하여 둘의 관계가 호전된 것은 아니다. 문 씨에게 반한 것은 작가이며 그는 작가의 태도를 보아가며 마음을 내줄 것만 같다. 밀당의 고수인 문 씨는 작가에게 은밀한 구애를 펼치다가 이유도 없이 등을 돌리기 일쑤다. 더욱이 사랑이란 감정은 상대적이기 때문에 상대에 대한 직감만을 믿어버린다면 오작동은 빈번할 수밖에 없다.

둘 사이의 러브스토리는 에로티시즘의 경계를 아슬아슬하게 오가며 진지하게 묘사된다. 진득하게 몰입하지 못하고 때론 무기력해지는 자신을 향한 문 씨의 질타에도 불구하고 둘의 관계 호전은 그리 녹록하지 않다.

내 사랑 문 씨! 이제 당신과 무슨 일이든 저지를 수 있다고 마음을 다잡아 봅니다. 우리가 사랑할 때란 바로 지금 이 한때뿐이라는 절박한 심정. 어느 영화 대사처럼, 애매함으로 둘러싸인 우주 속에서 이렇게 확실한 감정은 일생에 단 한 번 오는 것이 아닐까요.

—〈내 사랑 문 씨〉 중에서

쉽사리 마음을 내주지도 않는 문 씨는 치열한 문학정신으로 다가가는 사람에게만 자신의 정체를 드러낸다. "쓰는 것이 모든 것의 끝"이라는 릴케의 말을 신뢰하는 작가이기에 전미란의 첫 작품집 《이별의 방식》은 문 씨와의 사랑의 결실이다. 추후 문 씨와 함께 무슨 일이라도 저질러버릴 전미란의 내일을 유추하는 일은 즐겁다.

이어서 신문을 의인화한 〈하루살이〉에서는 가짜뉴스와 편파 보도가 주종을 이루는 세태에서도 신문을 애독한다. 신문의 잉크 냄새에 매료된 스크랩 고수인 전미란은 무수한 신문의 역기능 속에서도 신문을 어르고 달래며 옹호하는 종이중독자의 일면을 보여준다.

6.

작가가 도회의 소시민으로 살아가며 거리에서, 또는 백화점에서 맞닥뜨린 물질 만능이라는 허상은 수필 속에서 사실화로 재현된다. 거대 담론이나 철학적 사변으로 세태를 비평하기 보다는 서사 방식의 신선함과 어느 유파의 화폭에서도 보기 드문 전미란만의 색채로 캔버스를 채운다.

〈마네킹〉은 권태에 빠진 작가가 즐겨 찾는 백화점에 배경이다.

> 젖은 장작이 타는 듯한 한낮의 무료함에 쫓겨 어디로든 나서지 않을 수 없을 때, 집 근처 백화점만 한 곳도 없다. 도시가 내게 준 선물 같은 장소다.
>
> 의류 매장에서 눈을 사로잡는 것은 여기저기 진을 치고 있는 플라스틱 장승들이다. 지그시 내리깐 눈, 만사를 초월한 듯한 눈빛, 몽롱하게 풀어 헤쳐지고 있는 우수, 그러면서도 누구와도 쉽게 상대하지 않을 것처럼 당당하고, 차갑고, 도도하다. 감각적인 유행과 품격을 한껏 뽐내고 있는 마네킹들이 허를 날름거

리며 브랜드를 꼬리표로 달고 존재를 외쳐대고 있다.

—〈마네킹〉 중에서

마네킹 주제에 고객을 무시하는 느낌을 받은 것은 자신의 지갑을 스캔당한 듯한 피해의식이리라. 당혹감에 브랜드 꼬리표를 선뜻 사들이지 못하는 작가의 자격지심일까. 공허함으로 기진맥진해진 작가의 눈에 띈 것은 후미진 구석에 나뒹굴고 있는, 민망하게 벗겨진 마네킹들이다. 등을 돌리는 작가에게, 마네킹이 말을 건다.

"당신 역시 허깨비일 뿐이니 자기를 가여워 말라."고….

속내를 들킨 작가는 선뜻 대답을 찾지 못한다.

"쉿! 아무 말도 하지 마세요. 이곳에 권태라는 생활 쓰레기를 버리러 온 당신의 속내가 드러나면 쫓겨나고 말 테니까요."

남모르는 내적 소란함으로 필요 이상의 감정 비용을 지불하며 바가지를 쓰고 있는 나 또한 의식의 부재로 서 있거나 나뒹굴고 있는 마네킹들과 무엇이 다른 것일까.

—〈마네킹〉 중에서

작가는 "젖과 꿀이 흐르는 현대인의 가나안"에서 "필요 이상의 감정 비용을 지불하며 바가지를 쓴" 상태다. 쓰임이 다해 버려져 후미진 곳에 쌓인 마네킹은 쓰임이 다하면 디스플레이의 중심에서 조명을 받던 위치에서 언제라도 가차 없이 버려진다.

〈먹물을 쓴 여자〉에서는 백화점에 백화점 종업원의 실수를 용납하지 못한 VIP 고객과 갑오징어를 떠올리는 장면은 고소를 금치 못하게 한다. 갑甲이라는 접두어를 달고 나온 오징어는 가격도 비싸지만 자신을 내세울 만한 먹물이라는 최적화된 무기가 있다. 생선가게 아저씨는 먹물을 쏠까 봐 하루 종일 주시해야 하는 번거로움이 있지만 외면할 수 없다. 놈들의 몸값이 비싸기 때문이다.

작가는 지인과 백화점에 동행하여 덩달아 VIP 라운지를 이용한다. 지인은 최상의 서비스를 받았음에도 직원에게 무리한 요구를 한다. 마침내 직원의 서비스를 문제 삼고 그 직원은 일자리를 잃게 된다. 전미란은 백화점 VIP 고객의 갑甲질과 먹물 세례를 일삼는 갑오징어의 '갑'이라는 어휘를 중의적으로 배치했다. 갑오징어의 먹물 뿌리기는 오징어가

취할 수 있는 세상에 대한 나름의 응사로 보인다.

VIP 고객과 갑오징어의 먹물 공격의 공통점은 정작 자신의 얼굴에 묻은 먹물은 보지 못한다는 점이다. 그녀의 갑질에 "냉소인지 실소인지 애매한 웃음이 가면처럼 달라붙은" 얼굴로 말을 아낄 수밖에 없던 작가의 소회는 물질 만능 사회에서 부당한 상황에서도 때론 방관자로 남아야 하는 현대인의 비애를 보여준다.

터미널에서 아버지를 배웅하는 애틋한 딸(〈발자국〉)과 이사 간 옛집에서 떠올린 어머니의 노랫소리(〈잘살 거라는 말〉), 신산한 삶에도 손녀를 따뜻이 품어준 할머니(〈백 번째 봄〉)가 있다. 돈으로 인해 위태로웠던 형제와의 관계(〈돈의 민낯〉)가 있는가 하면 아슬아슬한 밧줄에 의지해 밥줄이기도 한 아파트 유리창을 닦는 인부(〈줄〉)가 있다.

〈분꽃〉에서는 수선집 주인의 삶의 애환에 공감하던 작가는 자신도 모르게 수선비에 웃돈을 건넸으나 결코 받지 않았다. "바늘 하나로 세월을 깁는 그녀를 향한 안쓰러움"으로 내밀었던 자신의 호의를 "내 식으로 재단하고 바라보는 시선이 수선감"이라는 성찰에 도달한다. 전미란이 자신과 동행하는 이들을 따뜻하게 품지만, 보통사람이 지닌 이중성과 이기심에 대해서도 간과하지 않는다.

전미란의 렌즈에는 이렇듯 다양한 에피소드와 인물 군상이 클로즈업 된다. 때로는 주관적인 몰입을 내려놓고 제 3자의 관점에서 능청스러운 서사를 풀어놓는가 하면 인간이 지닌 복잡다단한 층위의 이면을 예리하게 파고들지만 끝내 인간에 대한 믿음을 져버리지 않는다.

7.

말은 곧 인간의 삶이다. 하나의 언어가 사라진다면 인간의 사고와 세계관에 대해 이해하고 인식하는 도구를 잃는 것이다. 말이 없었다면 글도 쓰이지 않았을 것이며 나아가 문명도 이루어지지 않았으리라.

전미란 작가는 고향을 떠나 도시에서 많은 시간을 보냈다. "멀쩡하게 생긴 사람이 왜 사투리를 쓰느냐?"는 말을 들었을 때의 불쾌함에도 불구하고 자신의 모태인 고향의 토박이말에 대한 애착이 남아있다.

지금도 아버지는 수도꼭지가 있는 곳을 '시암'이라고 한다. 시암이라는 한마디에는 기억의 알맹이들이 다글거린다. 샘가를 둘러싸고 피어나던 맨드라미 꽃벼슬과 쌀뜨물이 튀어 히끗한 봉숭아 이파리들, 물비린내와 양은 세숫대야 긁히는 소리, 얼근 도구통과 흩어진 밥풀떼기…. 그리고 엄마에게 뭔가를 조르며 얼쩡대다가 바가지 물세례를 받곤 했던 아찔한 기억까지. 말에서 배어나오는 사연들은 풍경과 동시에 포개져 아무도 모르는 나만의 이미지로 떠오른다.

—〈거시기 머시기〉 중에서

사투리는 탯말로 고향의 들판과 하늘과 바람과 함께 작가의 정서를 키운 말이다. 아버지가 말하는 '시암'은 '우물'과 '수돗가', '펌프' 등과는 전혀 다른 독특한 아우라와 뉘앙스가 담겨있다. '시암'이 아니고는 그 맛이 살아나지 않는 아련한 정취가 담긴 사투리는 전미란 문학의 근간을 이루는 작가만의 정서를 담아내기에 적절한 언어 도구이다. 지역 고유의 유산이며 간직해야 할 가치가 있는 소중한 문화적 콘텐츠인 사투리가 작가에게는 “일상에서 보대끼고(부대끼고) 맬갑시(괜히) 설움이 뭉쳐오를 때” 자신도 모르게 토해내는 몸말이다.

〈거시기 머시기〉, 〈바람난 매생이〉. 〈니가 있는디 머시〉 등에서는 물론 많은 작품의 대사에서도 감칠맛 나는 말맛의 향연이 다채롭다. 단순한 사투리의 재연이 아닌 사투리로 주고 받는 행간에 담긴 부모님의 사랑과 애틋함, 고향에 대한 그리움이 녹아있다.

속도에 편승하여 자신을 바라보기 어려운 도시의 시간은 직선적이다. 작가가 문 씨(문학)와의 사랑이 익어갈 즈음부터 작가의 시간은 원형적 시간으로 회귀한다. 사투리는 그 원형적인 시간에 활력과 윤기를 더하다. 전미란이 구사한 사투리에 투영된 인물의 가치는 어떤 편견이나 선입견 없이 있는 그대로 어떤 존재들의 가치를 인정해주는 그 시선에서 나온다.

8.

일반적으로 수필은 자아에 초점을 맞추어 자아 성찰과 내면을 비추는 거울 역할을 하며, 자아는 자연스럽게 윤리적 자아로 전환하는 점이 일반적인 경향이다. 그 과정에서 윤리적 자아가 자기 성찰과 반성을 넘어 교훈적인 경향으로 흐르기 마련이다.

일상의 생생한 현장에서 건져낸 전미란 작가의 수필은 자신의 트라우마를 담담하게 증언하고 인간다움을 추구한다. 일상성의 아름다움과 삶의 가치를 낮은 목소리로 증언하며 윤리적인 자아에 함몰하지 않는 전미란의 문학정신은 윤리적 자아보다는 미적 자아가 두드러진다.

거기에 더해 수필작가가 범하기 쉬운 지나친 자기 반성이나 가식적인 겸손도 없다. 작가의 체험과 육성이 생생하게 스며든 전미란의 수필은 그의 인간관과 세계관을 엿보기에 충분하다.

글쓰기는 창조적 언어의 사용이다. 전미란은 수필이 단순한 일상적 언어와의 만남이 아니라 명징하고 새로운 의미 부여임을 아는 작가다. 새로운 언어를 창조해서 사용하는 일이 문학의 전부가 아닐 터, 전미란은 자신만의 프리즘으로 세상을 바라보고 예리한 감수성을 살린 표현과 언어의 의미 부여에 탁월하다. 더불어 인간과 삶의 정체성에 대한 이해가 담긴 문장의 흐름은 전미란 작가가 삶과 인간에 대해 어떻게 이해하고 있는가를 보여준다.

첫 작품집《이별의 방식》발간을 계기로 자신만의 문학 세계에서 한 계단 도약을 맞이할 작가의 행보에 기대를 거는 이유다. 더불어 개인과 사회에 대한 균형감각을 직시하는 통찰력으로 문학의 지평을 확장해 가기를 바란다.

전미란 수필집

이별의 방식

인쇄 2020년 11월 27일
발행 2020년 11월 30일

지은이 전미란
발행인 서정환
펴낸곳 수필과비평사
주소 서울시 종로구 삼일대로 32길 36(익선동 30-6 운현신화타워) 305호
전화 (02) 3675-3885, (063) 275-4000 · 0484
팩스 (063) 274-3131
이메일 sina321@hanmail.net essay321@hanmail.net
출판등록 제300-2013-133호
인쇄 · 제본 신아출판사

ISBN 979-11-5933-304-0 03810
값 13,000원

이 도서의 국립중앙도서관 출판예정도서목록(CIP)은 서지정보유통지원시스템 홈페이지(http://seoji.nl.go.kr)와 국가자료공동목록시스템(http://www.nl.go.kr/kolisnet)에서 이용하실 수 있습니다.(CIP제어번호: CIP2020050714)

Printed in KOREA

* 이 책은 부천시 문화예술 발전기금 일부를 지원받았습니다